30岁前别结婚

Do not marry before 30

[美] 陈愉/著

王剑波/译

中信出版社·CHINA CITIC PRESS

30 岁前

Do not marry before 30

[美] 陈愉/著
王剑波/译

别结婚

中信出版社
北京

图书在版编目（CIP）数据

30 岁前别结婚 /（美）陈愉著，王剑波译 . —北京：中信出版社，2012.5

ISBN 978-7-5086-2191-3

Ⅰ.3… Ⅱ.①陈… ②王… Ⅲ.女性－成功心理－通俗读物 Ⅳ.B848 .4-49

中国版本图书馆 CIP 数据核字（2012）第 082803 号

30 岁前别结婚

30 SUI QIAN BIE JIEHUN

著　　者：[美]陈愉

译　　者：王剑波

策划推广：中信出版社（China CITIC Press）

出版发行：中信出版集团股份有限公司（北京市朝阳区惠新东街甲4号富盛大厦2座8-10层　邮编 100029）

　　　　　（CITIC Publishing Group）

承 印 者：中国电影出版社印刷厂

开　　本：787mm×1092mm　1/16　　印　　张：14.75　　字　　数：100千字

版　　次：2012 年 6 月第 1 版　　印　　次：2012 年 7 月第 4 次印刷

广告经营许可证：京朝工商广字第 8087 号

书　　号：ISBN 978-7-5086-2191-3/G·814

定　　价：32.00 元

无论我们是单身、已婚还是离异，作为女性，我们都可以凭借自己的力量让生命如繁花般怒放。

给盛女的情书

成长，才是女人最好的归宿

目录

目　录

目 录

目 录

目 录

目 录

目 录

Do not marry before age 30

过去的 30 年间，我在中国工作，直接见证了中国社会变化的惊人速度。变化不仅是经济层面的，也是社会层面的。在 20 世纪 80 年代我初到中国的时候，它还是一个不折不扣的清教徒式的国家；而短短十年后，在 1992 年，国内羽西化妆品的一名美容顾问告诉我，她跟她的男朋友公然一起住在她**父母**的家里——我还清楚记得我当时有多么震惊！

1996 年我离婚后，人们替我觉得尴尬、难为情；他们想问这件事的时候也都会先征得我的同意。而如今，别说是离婚，女人们连性方面的问题都可以在电视上畅所欲言地讨论。

既然社会变化如此迅猛，你大概以为会有许多书籍来帮助中国的女性思考生活中这些最重要的问题吧？可事实上，这样的书却几乎没有！一方面，越早结婚越好的传统观点仍然盛行，另一方面，中国的女性如今面对更多其他的选择。《30 岁前别结婚》（多么了不起的名字！）就是这样一本帮助你正确面对选择、正确思考的书。

我一生做了很多被认为是"了不得"的事情。我 16 岁的时候就离开香港的家去念大学，19 岁时参加了选美比赛；我创办了一个电视节目，在同类节目中首开先河；我的节目在世界各地现场录制，当时还没有人这样做；在鲜有女性涉足商界的时候，我成为了化妆品界的企业家；在很少有人出售自己企业的时候，我成功地卖掉了自己的公司；我写了七本畅销书，话题都几乎无人涉及。之所以我在各个领域都取得成功，我认为原因就是——我敢于挑战那些规则。

而这本书的作者陈愉，我们的 Joy，也是这样一个敢于挑战规则的人。她现在已是两个孩子的母亲，而她 38 岁才结婚（我结婚的时候 39 岁！）；她从一个在美国长大的羞怯的华裔小女孩，成长为洛杉矶市的副市长；她用教育帮助了整整一代洛杉矶市民，她给了所有的美国寻梦人以启迪。

　　我为 Joy 写了这样一本书而感到非常骄傲。无论你是单身、已婚还是离婚人士，这本书都属于你。它教你如何思考，教你如何追求自己的梦想，教你如何拥有梦想；它还教你如何去吸引你梦寐以求的男人，如何去捕获生活中值得你拥有的每一样东西。而最棒的是——它教你如何一边尽享生活的乐趣，一边用最迷人的方式去做到所有这一切！

　　我相信，你一定能够将这本书中所坦承的很多事情与自己的生活联系起来。Joy 写到了这个社会对女性的粗鄙无礼的要求——为了侍候丈夫和孩子抛弃自我；她还告诉我们"拥有一切"意味着什么，写到如何笑对世俗的眼光，自由展翼飞翔。而所有这些，都是我们女性一直在努力抗争、却很少拿到桌面上公开讨论的问题。

　　这本书是我们这个时代的写照。我更相信，这本书会帮助我们塑造这个时代、推动这个社会进步，让所有的女人在一个新的社会里因自由而美丽、健康，可以自由地追求成功；女人的人生也因自由而完整。

　　来读这本书吧。然后，为你的妈妈买上一本。还有——如果你是做儿媳的，给你的婆婆也买上一本！

靳羽西

2012 年 5 月

Do not
marry
before age 30

引 言

剩女：指现代都市女性，她们绝大部分拥有高学历、高收入、高智商，长相也无可挑剔，因她们择偶要求比较高，导致在婚姻上得不到理想归宿。

——中国教育部，2007

生活中万事皆有定时。我拥有了梦寐以求的事业，我找到了梦寐以求的丈夫，我得到了梦寐以求的孩子们。我是 38 岁结的婚。而我之所有能够拥有这一切，都**得益于**我的晚婚。

我亲爱的父母一度因为我这个"剩女"而忧心忡忡。他们搞不懂，我都有两个硕士头衔了，怎么却拿不到他们最企盼的那个头衔——Mrs。无论我取得多大的成就，他们跟我的对话永远只关乎我的"人生大事"：

妈妈：Joy，我加州的朋友给我寄来了一些关于你的新闻剪报。

我：好啊。

妈妈：但是你爸爸和我在聊天时说啊，你现在不再跟我们一起生活啦。

我：我都 15 年没和你们一起生活了呀。

妈妈：……不过你也没和一个丈夫一起生活。

我：那是因为我还没结婚啊！

妈妈：那你能不能再跟我说说，你到底在**加州**忙什么呢？

我：妈妈！你看了那些新闻剪报了吗？我正在帮助数百万人改善生活啊！

妈妈：可难道你不知道，一个女人的工作就是做个好妻子、好母亲吗？

不，妈妈，那是**以前**。

过去是过去，现在是现在

在中国，许多世纪以来，男人和女人的角色定位非常清晰。男人是一家之主，女人负责照顾家人。培养孩子的目标也与此一致：男孩子要养得强壮又独立，女孩子则要养得顺从而体贴。我们女人活着就是为了取悦别人；而我们服务他人，得到的回报是一生安稳的保证。婚姻中即便有不幸，也被悉心掩藏在家门之内。

可过去是过去，现在是现在。如今，我们生活在一个巨变的时代，而推动这种巨变的，是这样三种新的趋势：

首先，中国的离婚率在全面飙升。根据民政部的统计，1979 年的离婚率是 4%；1999 年为 14%；而到了 2005 年，80 后的离婚率已经高达 57%，而当时的 80 后，年龄最大的也不过只有 25 岁。对很多人来说，婚姻如今已成为巨大的**不安全感**的来源。

其次，全球化和新技术的不断发展使我们生活的这个世界日新月异。我们面前的职业生涯跟父辈相比，已经有了根本的不同。曾经自上而下、等级森严的世界正在慢慢变"平"，在这个新的世界里，每个人都有机会一试身手。变化的趋势仍在加快：如果我们把它画成一个曲线图，那么表示变化速度的曲线将随着坐标的右移而陡然上扬，而且它的斜率还将不断增加。在 21 世纪，你的发展如何，将取决于你如何驾驭这条让人眼花缭乱的速度曲线。

再者，**我们**也不一样了。对我们的母亲一辈来说，婚姻是生存所必需，即便不是经济意义上的必需，它也是社会意义上的必需。而如今，我们已能独立生存，我们所追求的，正是当人类基本的生存问题解决之后就要去追求的：爱，梦想和生命的意义。

对我们的母亲，还有母亲的母亲来说，一个有工作、不酗酒、不打老婆的男人，就可以做丈夫了。但对我们来说这可远远不够。我们可不是随便找个男人就行，我们要他是个好男人。我们要的不是一个出于责任的婚姻，我们要的是爱情。用《欲望都市》中那个理想主义的夏洛特的话来说，我们就是要"做我们的春秋大梦"！

这说的还只是婚姻这码事。在事业上，我们一样壮志凌云。为了获得良好的教育，我们曾经学得那么苦，如今我们要学以致用，**一展身手**。我们不满足于只是栖身于这个社会，我们要引领这个社会。

于是，我们发现自己处在中国历史上一个奇怪的中间时期：周围的人在告诉我们，我们追寻的那些东西是不现实的，他们让我们抓紧时间、早日安顿、结婚生子；可我们——不能够。如今我们追求更多，决不会退回从前。我们再也不会仅仅按照别人的期望去过自己的生活。

我们拥有梦想。正是这些梦想造就了我们与之前数个世纪的中国女性之间巨大的断层。这断层存在于文化、社会、情感、哲学、精神等等各个层面，而我们是第一代这样的女性——我们要得到一切。

有些女人真的得到了一切

多年前，在我读硕士的时候，我听了时任 UCLA（加州大学洛杉矶分校）法学院院长的休·普雷格为一个女性社团做的演讲。

普雷格院长： 我有幸认识几位出色的女性，她们登上了业界的塔尖。她们真让人难以置信。

"真棒!"我们鼓掌。

普雷格院长:我还认识很多,呃,很**平常**的男人,也登上了业界的塔尖。

听众不做声了。"可不是么,"我们想,"我们也认识好多这样的人。"

普雷格院长:有一天,当**平常的女性**也能成为业界顶级人物的时候,我们就成功了。

那一刻,我就很想知道:既然所有女性都要面对这样的不公,为什么**有的**女性能成功?我怎样才能做到像她们一样出类拔萃呢?

打那以后,我校友们的生活开始向不同的方向发展。我今年 42 岁了。很幸运的是,我和我的闺蜜们都有所成就。我们将这个年龄称为"妙不可言的 40 多岁"。年轻时的动荡感和焦虑已经消失,取而代之的是前所未有的自信和快乐。而这让我们在优秀男人眼中性感动人。我很欣赏神秘作家卡罗琳·海尔布伦笔下对女主人公的描写:

她成熟了,也更勇敢了,那些她不在意的人们再也不能左右她的心志;她终于明白,自己无所损失;在这样的年龄,不管你有没有孩子,**别人**再也为你做不了什么;你无所畏惧、无可隐瞒,对于重要的事情终可放手一试。

5

可为什么那么多同龄人仍在彷徨，我们却能成为幸运儿呢？我看到的是：如今成功的女性并无太多相似之处。她们并不比别人天资聪颖、容貌美丽；她们性格迥异，对生活的选择各不相同，职业领域也是千差万别。

将她们与其他人区分开来的不是她们的**身份**，而是她们对待生活的方式。在事业和生活上能够做到"双赢"的，是那些不只努力，而且干得很巧的女人。

现在说说让人后怕的事。我和我的闺蜜们只是**碰巧**作出了巧妙的选择。我们作选择的时候，对选择的理解绝谈不上透彻；我们甚至往往不觉得是在作选择，倒更像是在对当时生活中发生的事情作出反应。用法国小说家安德烈·纪德的话讲，"生活中最具决定意义的往往是那些不假思索的行动"。尽管我们后来生活都还不错，其实呢——生活本来完全有可能是另外一番模样。

我们前面一代又一代的女性，她们的生活都是由别人安排好的。而突然之间，我们的生活不再有人替我们安排。无尽的可能令人兴奋，但同时也令人深感困惑。我们好像做什么都是**可能的**，可做什么才是**应该的**呢？

如今，我们面临的选择不计其数：跟谁结婚？什么时候结婚？做什么工作？怎样安排时间？该相信什么？

这些选择中不管是哪一个，其未来对我们来说能见度都是零，但我们的余生却要在这些选择所带来的后果中度过。

而我们的寿命比我们的祖母一辈要长很多很多。在中国，数千年来，甚至进入了 20 世纪以后，人们的寿命都很短。在 20 世纪 30 年代，人们对寿命的预期只有 35 年。而到了 2000 年，寿命预期延长到了 71 岁。如今，在科学营养和医疗条件改善的情况下，你我都可以活上八九十岁；而人类寿命预期的变化如此显著，所以按卡内基公司的老龄化社会项目所讲，在 20 世纪，人类几乎已经成为了一个完全不同的物种。换句话说，我们年轻的时候作出的选择将实实在在地伴随我们再活上"一辈子"。可是，我们中的许多人连 5 年后自己想干什么都不知道，更不用说 50 年后了。

我们是女人，一生都在忙个不停。可我认为我们迫在眉睫的事情，是停下脚步，细细思量。因为我们当下的行动将决定我们将来会不会有所成就、成就又会如何。

我们是史无前例的一代女性。正因为是第一代，没有人能够来指导我们。创造自己有意义和有成就的生活，这任务就落在了我们每一个人的肩膀上；连榜样都要靠我们自己去找。

这本书会告诉你一些策略——我并没有问题的全部答案，因为我自己也还没有做完生活的功课，今后还有很多年的功课要做。

写这本书也让我意识到，我们有太多经验还无从在彼此之间表达和分享。正因为如此，这本书写起来并不容易。怎样才能写出那些尚未明言、仅仅存在于我们潜意识当中的想法呢？

或许你同意，也或许你不同意我要说的话，而我的目的也不是要说服你相信什么，我只是想发起这样一个对话：**这是我的看法。你怎么看呢？**

这本书写的是我自己如何从一个在美国长大的、羞怯的中国小姑娘，成长为一名国际公民，一个敢于挑战规则、懂得说"不"的成熟女人；写的是我怎样在 31 岁的时候当上了洛杉矶市的副市长，以及后来为全球化企业做猎头；这本书写的是爱，写的是我怎样找到我的 Dave，并告诉你如何运用猎头的技巧将**你梦寐以求的男**

人"收入囊中"。

这本书是为你们写的，我 Global Rencai 博客（www.globalrencai.com）的忠实读者，以及通过这本书初识的朋友。或许你们觉得有些章节的标题更醒目，不过我仍然建议你们从头到尾按顺序来读，因为每一章的写作都是基于前面的章节。

我希望这本书会促使你们迈步向前，寻求自己生活问题的正解。我尤其希望，这本书会激励你们敢于挑战旧规则，去探求并把握这个世界上你知道自己值得拥有的一切。

关于我

我曾是个女孩，后来成了一个女人，一位妻子，如今是两个小女孩儿的母亲。我拥有中国血统、美国国籍。我的母亲和父亲分别在宁波和南昌出生长大，他们各自移居台湾，又都到美国读书。他们在波士顿相遇并结合。我出生在美国东海岸，离华盛顿不远的地方。

我成长的背景就是这样亦中亦美，但我的家庭中国味儿十足。我的父母总是担心我和弟弟受到美国文化不道德一面的浸染，对我们格外庇护。他们不在家里摆电视，不主张我们跟美国孩子一起玩，只要我们离开学校就一定要老实待在家里。我们严格地只跟华人移民社区的人交往。

我的父母挣钱不多，所以为了让我跟弟弟能够在一个好的学区上学，他们做出了牺牲，省吃俭用买了那里的房子。而这就意味着，我跟弟弟成了一个几乎全是白人的学校里面的穷孩子。

小时候，我害羞得不得了。在学校我几乎不怎么讲话，因为我的英文很烂。那是 20 世纪 70 年代，当时的中国在世界的眼中是个贫穷落后、庞大单调的怪物，而这一形象也反映在了我的身上：我是个沉默寡言、衣着寒酸、戴着瓶底儿厚眼镜的、怪模怪样的中国小姑娘。

我的老师都是白人。他们都不懂中文，所以也就不知道我会讲中文。在他们眼中，我不会说英文，就等于：这孩子不会说话——就这么简单。于是，我被转到了有"特殊需求"的班级里，跟患有唐氏综合征的孩子们在一起。后来我的英语水平提高了，于是被送回了正常班。但社交生活对我来说仍是艰涩无比。

别的孩子总冲我喊一些充满了种族歧视的话语："中国佬，滚回中国去！""嘿，细长眼儿，'ching ching ling long'（中文在他们听来就是这些个怪音）！"而由于不看电视、不听流行乐，我根本不了解别的孩子们在关注什么，所以即便我的英语水平已经达到随听随懂的程度，我仍然跟不上正常的社会交往节奏。最困窘的是别的孩子开玩笑的时候。当我知道怎么正确回应的时候，也总是慢了一分钟。

那些年啊，我想当个白人的渴望比什么都强烈。当然，这不是肤色的问题，而是做一个白人对我意味着什么。我那时想，只要我是个白人，我会是漂亮的、富有的，或者——至少我会是个正常人，其他孩子或许就会喜欢我了。那时要是有微博这种东西，我肯定会在我们学校每个孩子的微博上，每天都写上一句评论："羡慕嫉妒恨"。

我父亲实在是个好心人。在我成长的岁月里，他的业余时间都在帮助中国移民在美国安顿下来。我们的周末都用在帮助他的新朋友寻找住处、学开车这类事情上。

在父亲的职业生涯中，三十多年间他始终只是一个为政府工作的初级工程师，尽管他拿的是麻省理工学院的硕士学位，并且是部门里工作最努力的人。他每天早早到办公室，晚上和周末也把工作带回家做。出差的时候，为了给政府节省开支，他不跟同事一起住三星级酒店，而是住在附近的一星或二星酒店。

在我十二、三岁的一个晚上，父亲说："今晚是我们部门的年度圣诞晚会。"我很奇怪，问他为什么不去参加。他说："因为在那种场合，我从来不知道该跟人说啥。"

那一刻简直如醍醐灌顶。我突然意识到，我父亲在事业上永远也不会获得他应该获得的成功，而这与他不懂得如何与白人打交道是有关系的。我下定决心，要学得多一些，搞清楚这个社会如何运转，弄明白自己怎样做才能出人头地。

这个学习的历程将我一路带入了美国社会的深处，甚至进入了政界。如今，作为公司的猎头，我看到中国的尖子生们进入全球化企业，但却止步于初级的职位；看到他们从"书虫"变成了"工蜂"之后，就再也无法继续蜕变的历程。看到他们那样努力却得不到认可，总让我一再想起我父亲和他的事业。

将生活掌握在自己手中

在我成长的过程中，我是个完全"中国化"的孩子，没有我认为生为白人可以坐拥的一切。也是从那时起，我开始对汉语和中国文化着迷。现如今，当我的大女儿冒出完整的中文句子的时候，我总是欣喜若狂。

回头去看那些年，我也看到了以一个不合时宜的孩子身份长大所赋予我的特殊优势。我觉得自己又笨又穷又难看，一无是处，可这也意味着我别无退路，只有努力前行，想着明天或许会好些；而孤单促使我阅读，我如饥似渴地探索着自己那狭小世界之外的广阔天地。作为局外人，我还拥有一个观察和理解社会规则的独特视角，因为当你被排除在外的时候，除了多听多看你什么都做不了。

美国对于局外人是不友善的。而如果我没有那许多的挣扎，就不会有拼命塑造自己的经历，也就无从拥有后来成功的事业和幸福的生活。回想起来，我觉得甚至可以这样说：以一种很"中国"的方式，不一样地长大，是发生在我身上的最幸运的事。

我们无法选择出身，但每个人都拥有超乎我们自己想象的驾驭生活的能力。从奥普拉身上我们也能得到这样的启示：一个出身贫苦而饱受伤害的人可以怎样把握自己的命运。用她自己的话说，"我不知道未来掌控着什么，但我知道谁在掌控未来"。

现在，你内心已经拥有了一切——你实现梦想，捕捉美好爱情，赋予生活以真正目的所需要的一切。而从你出生的那天起，这个社会就酝酿着一个巨大的阴谋，它要压制你的精神，把你变成生活的木偶。

而力量从来不是靠别人给你的，只能靠自己去获取。现在，是打破旧规则、建立新秩序的时候了。诗人玛丽·奥利弗这样问我们，"告诉我，你打算如何对待你仅此一次的自由而珍贵的生命？"这也是在本书开始的时候我提给你的问题——你将如何对待你仅此一次的自由而珍贵的生命？

去吧，去让自己的梦想成真。然后，用你精彩的故事给我们做个示范，告诉世界、告诉所有的人，也告诉我，什么叫做"不枉此生"。

Do not
marry
before
age 30

第1章　　　年轻女性为何缺乏安全感

女人需要用梦想点燃自己。

——蒋雯丽

当今世界的中国女性，受到良好的教育，工作最为努力，也是最有前途的一个群体。2011 年美国《商业周刊》报道说，美国商业学校的招生数量由于中国女性生源的增多而居高不下。而年轻的中国女性，在最应该发挥自己的教育优势、展翅腾飞的时刻，却经历着一场安全感的危机。

是什么夺走了中国年轻女性的自信？这是一个所有人都该去正视的问题。因为在如今以"人"为资本的全球经济中，当最有希望的一群人踟蹰不前时，所有人都会受到损失。

身为女孩，我本强大

韩寒在《我的前卫与荒唐》一文中一针见血地指出：

中国的特殊情况是，很多家长不允许学生谈恋爱，甚至在大学都有很多家长反对恋爱，但等到大学一毕业，所有家长都希望马上从天上掉下来一个各方面都很优秀而且最好有一套房子的人和自己的儿女恋爱，而且要结婚。想得很美啊。

韩寒洞察到的现象面向所有学生，但对女生尤为真切。我也是个有女儿的母亲，所以我也是这个"全球特殊女性共同体"的一员。我们知道心爱的宝贝们将面临性别歧视，因而要给她们格外的支持和关爱。到了上学年龄，就把她们送上这列通往成功的快车，冲她们扬手："你什么都能行，别管别人怎么说!"她们真的胜出了，样样超过了男孩子，一路欢呼："看吧! 女孩就比男孩强!"

目前为止一切正常。

可当她们毕了业、上了班，没有任何预警，我们突然要求她们踩刹车："别**太**张扬了，姑娘们! 别把小伙子们吓着!"

这么一个急刹车之后，谁的头能不晕呢? 所以，难怪我们的年轻女性要彷徨了。

在我面试的成千上万名高级职位候选人中，我发现中国年轻女性准备最充分，但却最缺乏自信; 而且自信的缺失在她们的职业生涯中愈演愈烈: 在二十几岁、三十几岁的中国女性中，被排除在领导层之外的人越来越多，而且机会越来越渺茫。

原本出类拔萃的整整一代人，为什么在她们最该腾飞的时候却彷徨不前了呢? 我们可以从梦想形成的机制中寻得答案。

你或许认为，随着我们变成熟，性格稳定下来，于是形成了对生活的认识。而科学家告诉我们，事情根本不是这样。人是社会的产物，我们周围也永远会有对我们指手画脚的人，他们永远在评判我们的对错。我们是靠着别人的认可和肯定来判断自己做得好不好、对不对。

而每个人要获得认可的驱动力强大无比。那些按照社会认可的方式生活的人们，得到的肯定就多，反其道而行之的人就会被排斥。结果，我们就都倾向于去追求被认可的目标。来自他人的认可让我们备受鼓舞，精神百倍，欢快兴奋，乃至我们要不断从他人的看法中获得自我认知。"老板对我的项目是怎么看的?""穿这条裙子是不是显得我屁股太大了?"

这是个生命不息就不会停止的过程。我们的希望和梦想永远在变。终此一生，我们通过从别人那里得到的反馈不断调整着梦想、重塑我们的生活。哈佛精神医学家安娜·费尔思在她的著作《梦不可少：女性应在生活变迁中保持志向》（*Necessary Dreams: Ambition in Women's Changing Lives*）中写道，"为获得最大程度的社会认可，我们不断重新定位自己的目标，使之与不断变化的社会规范保持一致；调整速度之快着实非同凡响。"

　　神经学家通过人类大脑的化学机制解释了这一过程。当我们获得社会认可，我们的大脑释放出一种化学物质血清素，它使我们感到安全、勇敢、镇定、灵活而且自信。随着我们在社会中获得成功，血清素水平会持续增高，使我们感到更加自信。

　　所以，在"社会认可"这个经济体中，富者更富、穷者愈穷。如果你从一开始就以成功起步、得到了认可，它会激励你获得更大的成功。这会形成一个良性循环，成功的雪球越滚越大。

　　我们搞人力资源的更知道认可的力量，所以我们制订一套套复杂的体系，把认可制度化，以企业目标为参照来规范员工行为。认可度是一种筹码，我们靠它给人加官晋爵、把人打入冷宫；我们以它为凭据派发特殊车位，或者确定"年轻优才培养目标"；在公司简报中，它也为员工所津津乐道。

　　可是，如果没有人注意我们的工作，或者更糟的情况出现——我们的工作被否定了，又会怎么样呢？我们会不知所措。神经学家证实了低迷的状态会导致低血清素水平。

剩女的耻辱

　　我们的自我认知很是多变，所以"剩女耻辱"一说的危害就比较容易理解了。

当父母、朋友开始对我们的职业追求持保留态度，一心催我们结婚的时候，我们原来的梦想枯萎了，取而代之的新梦想是：要成为某个男人的贤内助。

在世人眼中，婚姻为我们提供了合法身份。结了婚，在社会看来我们就会从青涩的黄毛丫头摇身一变、成了成熟的妻子。有时候，面对明晃晃的压力，我们可以翻着眼睛拒绝老妈："那人挺适合朱莉的，可我又不是朱莉!"而更多的时候，作为单身女性的羞耻感几乎是以一种我们意识不到的方式，在我们的思维和精神世界里无情肆虐。

最近，我认识了一位在加州大学洛杉矶分校攻读博士学位的年轻中国女孩。她的整个家族为了资助她来美国读书可谓一掷千金。她克服了比她美国博士同学不知多少倍的困难，才走到今天这一步。她或许也比他们更聪明、学得更好。她的英文很棒。我认为她前途一片光明。

我问她毕业后有什么打算，她说不知道。我问她是想回国还是想留下，她又犹豫。最后，她小声说，她对未来很茫然，因为自己还没有男朋友。她想等结婚后看丈夫想去哪儿生活。她想找份本专业的实验室工作，这样将来才有充裕的时间带孩子。她的原话是："我真想马上就结婚，那才算真正的生活。我觉得眼下自己只能算是半个人。"

正因为她在一心一意想着结婚，我注意到，她并没有花时间研究论文写作、联系导师，也从不考虑规划自己的职业发展，事业对她来说变得无足轻重。

作为一名猎头，也作为一个女人，跟这个女孩的对话让我深感不安。在生命中这样一个关键的时刻，在婚姻和养育孩子的压力尚未真正出现之前，就让自己的事业减速了，这是多么遗憾的选择。她眼下的做法无疑会让她未来职业生涯中令人兴奋的机会减少很多。她是在将自己的梦想雪藏。

像这位女生的人绝不在少数。无论我走到哪里，都会遇到优秀的年轻中国女性，为了多年以后做母亲的生活，现在就把事业减速了。

不要这样。现在你应该全力以赴于你的事业，不到你为了孩子的成长必须要减速的时候，不要减速。而当你真正做了妈妈的时候，你也许会发现你根本不用去减速，因为有那么多育儿方面的服务可以帮助你。或者，到那个时候你会选择减速，但是因为你已经拥有了相当的能力和声誉，即便你是在慢速路上，你仍然会有很多功成名就的机会。

而像她这种生命不完整的感觉在现代中国女性中间太普遍了。我们真该谴责这个社会——它让一个单身女性的生活被这样无情贬损：

怎么，你还单身？太挑了吧。你自我中心，不成熟；你孤单绝望，真可怜。你的工作不赖？可工作再好它也不会爱你呀。你还有性生活？真是个荡妇！没有性生活？已经太老了吧！你对工作很投入？那只是在填补你结不了婚的空虚。你快乐吗？你自以为快乐吧。没有丈夫，你怎么会知道什么是真正的快乐！将来你死的时候身边都没个人！

即便你的生活充满了辉煌的成就，充满了友爱和激情，也仍然救不了你。社会对你的定义是看你"属于谁"。如果你真成功了，你就会成为靶子。不要以为这只是你一个人的问题。

芭芭拉·沃尔特可谓我们的开路先锋，她是全球第一位严肃节目的女性电视记者。1976年，她成为包括所有男女电视记者在内年薪过百万美金的第一人。她曾采访过江泽民、叶利钦、普京等国内外政要，以及美国自理查德·尼克松以来的所有总统。

2004 年，她接受电视记者中另外一位重量级人物——特德·科佩尔对她 40 年职业生涯的访谈。回顾了她的成就之后，他提出了一个他最关心的问题。

"试想，"他说，"如果有人背后议论你，'难道那（40 年的职业生涯）就是你生活的全部？'你觉得这样值吗？"

她回答得很快："哦是的，我可从没想过会有这样一种生活。"

他继续启发她，并提及她两次结婚、也两次离婚。"是因为工作吗？"他问，"如果不是因为工作，你会不会还能维持其中一段婚姻？"

她回答说不知道。但她说她有个女儿，而且女儿"真是太美好了"。

这不是他想要的答案。于是他继续发问："有没有那样的夜晚，你躺在床上想，'唉，如果我当年放弃工作专注于家庭，那才是——值得的？'"

不，她没有过。

特德·科佩尔是个老到的采访人。不过他可没能让芭芭拉·沃尔特就范，比如流着悔恨的泪水承认自己没有好好照顾丈夫、不该一心追求采访世界上最强大的领袖们。

而我们无法想象记者会缠着一位男性被采访者问这样的问题："你做的这一切值吗？如果你专心做个丈夫会不会好些？"

我是在为这本书的写作做研究的时候发现的这个访谈。读到它的时候，我的心在颤抖。长大成人后很长一段时间我都是单身，面对记者们的类似问题我也在不停闪躲。我以为只有我这样。如果当时我就知道自己跟芭芭拉·沃尔特同属一个光辉阵营的话，或许我会有勇气跟他们较量一番。

可如果你认为结了婚之后你就马上拥有了"合法身份"，可以安心加入"成功人士俱乐部"了，那么很遗憾，女士们，我又要打击你们了。你结婚之后，公众对你进行详查的内容，是你对丈夫的关爱够不够。

还有一个芭芭拉——来自我家乡马里兰州的参议员芭芭拉·比卡尔斯基。1987年，也就是我高中毕业的那一年，她首次被选入参议院。如今她已是在那个威风凛凛的地方任职时间最长的女性了。那是个"全世界最唯男子独尊之俱乐部"。芭芭拉这样讲：

> "作为女人，如果你已婚还参加竞选，他们会认为你没有好好照顾你丈夫；如果你离婚了，他们会说你留不住男人；如果你单身，他们马上会说你根本就找不着男人。"

说到这个社会看待职场女性的荒谬态度，想找个例子真用不着费多大劲儿。有一期《新闻周刊》的封面故事"女权主义者的身份危机"中有两幅插图，画的就是一个为职场成功所累的想象中的女子。第一幅是她在办公室里，穿着职业套装，短发灰白，闷闷不乐地凝望着一个空空的家庭相框；第二幅是她在家里，抱着个闹钟看指针——时针指向差五分零点。

女演员们也一直在抱怨这一点。电影里，男主人公们总是在多条复杂的故事线里来回穿梭，而女主人公不是陪他们上床就是陪他们谈情说爱。女演员过了40岁之后，就基本上没什么可演的角色了。

对单身女性来说，结婚的压力无时不在，而且压力绝不只是来自于媒体，也不仅仅来自母亲。以前，每次我参加宴会派对，人们跟我的对话总是会转向他们所认为的我的"头等大事"。不管我取得了多大的成就、我当时在忙什么正事，所有对话最终都会落在这个问题上："你挺有魅力的啊，可怎么到这个年纪还没结婚？怎么回事啊？"

这像不像当你听到一个人才 22 岁就已经结了婚，你瞪着眼睛对人家大叫："那么年轻就结婚了啊？别担心，亲爱的，要不了多久你就会离婚的！"

而我，在那样的场合，只会盯着自己的脚尖，很不好意思地说，我也不知道自己为什么还没结婚。我实在是太乖了！

如果生活有一个"回退"键，我多么希望可以退回到那些媒体采访和晚宴派对中的瞬间，当被问到"你怎么还没结婚"的时候，我会直视对方的眼睛，微笑着告诉他们："说实话，因为啊，眼下我正享受属于自己的人生呢。"

我曾很反感"剩女"这个标签；可当我开始写这本书的时候，我才意识到，这个社会根据男人对社会的贡献、女人对家庭的贡献来评判人的偏见是如此的根深蒂固而又压倒一切。

甚至当女性已经接受了教育，这些观念都还在继续引导着我们去履行那过了时的角色。职业上获得成功的女性较少获得正面的社会评价，而且评价中也常常会含沙射影地去讨论我们长得够不够漂亮、我们做母亲和妻子做得够不够好。

女性特质不是简单的个性特征。以取悦别人为唯一目标会严重损害我们对自己生活的把握。当年华老去，我们无法掌控衰败的容颜，更无法掌控那些跟我们息息相关的人们——丈夫会心猿意马，孩子会长大离家。

现在，我们能够理解年轻女性的自信受到了多么大的冲击：在读书多年、培养

21

了很多能力之后，突然之间，她们的身份不再由自己掌控。社会将她们的梦想撕得粉碎，她们生活中最重要的精神支柱就这样被抽走。

不难理解，一个人对生活的自主权和其成就感之间存在直接的联系。无论男女，对我们每一个人来说，我们拥有的能力和对生活的掌控感可以转化为活力、乐观和自信；掌控感的缺失则会导致挫败和无助。而如果我们认为自己掌控不了生活，那么就无法阻止这个预言被不幸言中。

年轻女性出了校门之后，突然之间不再因为取得的成就而受到赞扬、鼓励和肯定，这自然导致了她们的迷失。现如今，我们的社会已不再残忍地将女性的双脚捆缚在家门之内，而我们却尚需时日，为自己的灵魂松绑，真正飞到外面的世界做出一番成就。

我如何避开压力

人们总问我，"啊？洛杉矶的副市长！你怎么做到的？"女人喜欢把成功归因于幸运、失败归因于无能，而男人却将成功归因于能力、失败归因于运气差。我呢，我的思维方式可没**那么**女性化，所以我不会跟你讲我成功完全是因为运气好。但话虽如此，如果说一切完全靠我自己的努力，那也不够诚实。

在城市经济理论中，有一个很了不起的概念，叫做"路径决定"。大致是说，历史包含一些很边缘化的事件—— 一些意外事件，以它们为中心点引发巨大的变化，那么意外事件本身就具有了历史意义。最经典的案例是燃油发动机的发明，它导致了私人汽车的发展，从而引发了很多其他后果，比如个人移动、交通拥堵、汽车尾气污染，以及世界范围内的都市化进程。

当我回顾自己的人生历程，我看到一些事件和一些人对我就具有这样的路径决定作用，对我的发展路径产生了深远的影响。

在我上高中的时候，父亲给了我一架二手的佳能 A-1 相机。我高兴得手舞足蹈，从那时起，我开始学习用摄影表达自己。那时候还没有数码相机，摄影的成本很高，于是我利用课余时间打工做店员，挣钱买摄影需要的各种耗材。每照满一卷胶卷，我就马上冲向学校的暗房，手工冲洗底片和相片。

通常我是在下午放学后去暗房。进入暗房的时候，我会在门口站一会儿，让自己的眼睛适应暗房的黑暗；然后我就沉醉其中，任时间飞逝而过。我到现在都还记得定影剂那股刺鼻的味道，我用它将底片上银色的图像冲印到相纸上。每每照片冲洗完毕拿在手上的时候，天已经黑了，我就用不着再调节眼睛去适应光亮了。

是摄影让我一下子找到了内心各种情绪的出口——焦虑、痛苦、孤独、挫败，当然也包括快乐、疑惑和对这世界的好奇。我当时尚不具备表达自己的笔彩，但我的照片可以代替万语千言。

我高中的摄影老师在暗房发现了我晾在那里的相片，将其中一张提交给世界上最大的综合博物馆——美国史密森学会——举办的国家摄影比赛。我的照片获奖了，于是在科克伦美术馆里，它跟艺术史上大师级的作品并排陈列了数月之久。

那是近 30 年前的事了。回想起来，那个奖算不得什么。但对于当时的我来说，它可是件大事。在那之前我一直觉得自己什么都不是，但突然之间，我成了个人物，一个被这世界认真对待的人物，一个有艺术细胞的人。那种猛然间变得信心十足的感觉，在我上了大学，也放下了心爱的 A-1 相机之后，依然久久留存。

20 世纪 80 年代后期，我在读大学期间，遇到了对我的生活产生深远影响的第一位了不起的女性——靳羽西。如今的羽西是位畅销书作家、新闻工作者以及商业和文化领袖，而当年的她已是中国家喻户晓的知名女性，中央电视台"世界各地"栏目的主持人。我在杜克念大学的一个夏天里，做了羽西六个星期的实习生，于是进入她的个人世界。

在一起的时光短暂，却给我留下了永久的印象。遇见羽西之前，我所认识的中国成年人只是马里兰州郊区的一些中国科学家和工程师，还有杜克大学的几名教师；而羽西这位中国女性却将中美文化如此美妙地结合在一起，教育并愉悦了数以百万计的人。

羽西教导我，一个坚强的女人必须自立。有一天，我问到她不动产的情况，她对我说，"Joy，永远不要满足于只给别人打工。想想要是你被解雇了怎么办？"

她对待身边的每一个人都像对待这个世界一样的慷慨。那年夏天，我在生活成本高昂的纽约无处栖身，她就邀请我住在她家里。而20年后当我们重新取得联系，她几乎已经不记得我，因为这么多年被她帮助和指导过的年轻女性已不计其数。

我假设你们当中极少有人见过羽西本人，所以我来做个补充：她具有一种非常顽皮的幽默感，这一点在她遍布世界的娱乐界和政界的精英朋友中是出了名的。如果你有机会跟羽西面对面，千万不要错失良机，一定要领略一下她的超强幽默！

羽西这样的中国女性在世界上绝无仅有。30年间她对社会的影响遍布全球。我非常幸运，在大学那可塑性很强的阶段认识了羽西。以自己为标杆，羽西教会了我将目光转向更加广阔的苍穹，让梦想飞得更高、更远。

又过了几年，在我21岁的时候，又一个节点性事件发生：我从杜克大学毕业了。我知道，我虽爱我的家人，但必须走出那个与世隔绝的美国华人社区，伸展自己的双翼。于是，在一文不名、也没有任何熟人的情况下，我来到了三千英里之外、阳光明媚的洛杉矶。那是我能走到的最远的地方了——再远就是茫茫太平洋了。

那时我并不知道洛杉矶对于难民、寻梦人和格格不入者来说是个圣地。而我就是个难民、寻梦人，**更是**一个格格不入者。在美国其他任何一个大城市，都无法想象如我这样的人，21 岁时到来，10 年后能当上副市长。

洛杉矶还是一个完全不理会正统学说的地方。这里流行的口号是："我行你也行"。在这里，人们不关心你来自何方，只在乎你去往何处。

举个例子吧。在东海岸，你有时会看到名片上的名字后面带着一个罗马数字，比如 "John Edward IV"（约翰·爱德华·汉考克四世）。这是一个标志，表明此人之姓氏有一番来头，于是在家族内代代相传，并在遇到的每一个人面前郑重宣告。东海岸的人收到这样的名片后，都会对名片的主人肃然起敬。

而如果一个洛杉矶人收到了这种名片，只会对名片的持有人心生怀疑："你怎么回事啊，伙计？你干吗要告诉我你曾祖父是谁？你自己做不来吗？"洛杉矶成为世界创造之都绝非偶然。

我抱着这样一个梦想来到洛杉矶：我要成为一名成功的房地产开发商。我要建设新型的环保社区，让人们既能在里面工作，又能快乐地生活、生儿育女。

最初几年，为站稳脚跟我拼命工作。我住的是狭小的公寓，吃了无数的泡面。生活充满艰辛，我也时常感到恐惧，对自己作出的选择产生忧虑和怀疑。我在加州大学洛杉矶分校读了两个硕士——房地产金融专业的 MBA，以及城市规划的 MA。学校给了我系列奖学金，再加上部分学生贷款，以及我在房地产领域没有间断的工作赚的钱，我在经济上得以自保。

房地产开发是个赚钱的行业。几年后，我赚的钱多了起来。我的老板告诉我：

"Joy，作为开发商，你得学会喝 Scotch（苏格兰威士忌）。"于是我学会了昂贵的苏格兰威士忌的喝法——16 年的莱根法尔林，加一点点水，不加冰。

后来，我买下了市区的一个公寓，从那里可以俯瞰洛杉矶的迪士尼音乐厅。我把它交给朱音哲（Annie Chu）来设计。音哲是为那些白金销量的音乐家和主流电影明星做设计的顶级设计师，也是一位美籍华人。她能帮助我做设计实在是很慷慨的举动，因为我的公寓很小，装修预算也多不到哪里去。公寓表面的装饰用的是最便宜的材料，但却用了非常奢华的颜色。那个公寓对我来说不只是一个家，它还是一个避风港。每当挣扎了一天之后，我可以缩回到这个属于自己的避难所，重获平静和安宁。

也有那样的日子，我感觉自己站在世界之巅。比如，公出时我穿着让我感觉好极了的靴子，有意地在机场跨步张扬；或者是穿着普拉达套装，脚踩系带高跟鞋，招摇过市——普拉达的秘密就在于，它挂在那里感觉并不怎么酷，可穿到你身上就让**你**感觉特别酷。

那些时光令人兴奋也让人恐惧。有时候，我觉得自由、不羁、老练；有时候，我又觉得那一切都是伪装，在这个偌大的城市里我是那么的困惑和孤单。每每回望，我总是想回到那些年，好好抱一抱那个年轻的自己……

所有的幸运助我高飞

我很幸运，那些年，从一位很特别的年长女性那里，我得到了许多温暖的拥抱。莫琳·金德尔比我大 30 岁，是洛杉矶一位非常有影响力的女商人。莫琳的个性可谓八面玲珑、慷慨大方、活力四射、极富魅力。她离了婚，有自己的孩子，而且已经做了外祖母。她非常喜欢请客，但不喜欢做那些组织工作。于是我主动请缨，为这位光芒四射的女主人做幕后工作。我们周六的晚宴以及扑克牌会在加州商务和政界名流中闻名遐迩。久而久之，我成了众所周知的"莫琳的中国女儿"。

莫琳深谙权力的门道。从她那里，我学会了如何跟背景迥异的人们建立联系。快 70 岁的时候，莫琳对教育产生了强烈的兴趣，于是重返校园专门进行学习。在 72 岁时，莫琳拿到了教育学的博士学位。她打算在接下来的 20 年里引领一场教育的改革。

莫琳身边有一群年龄较大的女性，她们或已婚，或独身，或离婚；她们都像莫琳一样，生活到极致。在 20 年中，这些女性给了我最直接的支持、安慰、帮助、关心和鼓励。她们是那样的睿智和善于处世，并且都热爱生活；从她们身上我怎么能不学到一些生活乐趣呢。于是，我也开始在自己漂亮的公寓里面搞派对了。

人们常问我是如何克服羞怯的——这的确不是一夜之间完成的。为了克服自己的羞怯，除了苦练英语，我做的第一件事就是让自己对他人产生深深的好奇，并长久保持下去。在对别人的学习中，我不再总是过分关注自己的感受。

我与社会背景迥异的人们广交朋友。我的朋友中有商人、艺术家、同性恋、已婚做父母的，以及许许多多难以形容的人。在我的公寓里，如果把阳台都用上，我可以塞下 70 个这样的朋友，方法就是让他们每个人都站着，还得收腹，与另外一个也跟楔子一样被塞在什么地方的人大声呼喊着交谈。

我成为众所周知的"联系人"，我了解人们的需要，为彼此应当结识的人们牵线搭桥。通过我联结的人越多，我能够联结的人就越多。最近《洛杉矶时报》对我有一篇报道，大标题一如文中对我的称谓：网络人。

在我 20~30 岁的中间几年，我被当时的洛杉矶市长任命为由 7 人组成的住房专家委员会成员之一，负责监督和清查这个城市大量的保障性住房情况。以我当时的年龄能被授予那样一个职位是非常罕见的，不过我的背景似乎为此量身定做：作为开发商，我熟谙房地产界，这本无甚特别之处；但身为一名商人，对于本地政策我也是个内行——我在加州大学洛杉矶分校学习了城市规划，而洛杉矶这个城市就是我的实验室。

身为女人，我们很容易忽视自己拥有的各种可能性。可当你尝到了权力的味道，你就再也不一样了。成为委员，我第一次拥有了对洛杉矶这个城市的影响力。这个职位为我自己，也向他人证明了我具备有效的为公众服务的能力。这也成为我迈向更高职位的台阶。

与全世界的中国女人一样，我身上带有中国历史和文化的痕迹。我要特别感谢那些不寻常的事件——我父母的移民美国，我自己的移居洛杉矶——让我不必面对绝大多数中国女性所要面对的令人窒息的压力。

我不光是躲开了那些压力，而且，通过我有幸遇到的那些重要的人们，我获得了展翅高飞所需的力量。

20 年来，他们的爱和鼓励如同大风，鼓动着我飞翔的翅膀。

Do not marry before age 30

第 2 章　　让这社会营造的婚姻幻象见鬼去

我认为，能够平等、自由、有尊严地活着，就是更好的生活。

——郭建梅

我相信爱情，相信婚姻；我嫁给了梦寐以求的男人，我们很幸福。我希望你也能得到爱情，而如果你向往婚姻，我希望你也能嫁给**你**梦寐以求的男人，跟他幸福地生活在一起。为了你，我要打破这个社会关于婚姻的幻象。

这个社会一边无情地贬损着单身女性的生活，一边又将婚姻美化得无以复加。不管我们的婚姻是好是糟、我们的丈夫忠诚与否，它都要我们相信，婚姻应该在我们所有的期盼、渴望和追求之上。

这就是我们的社会关于婚姻的幻象：

婚姻是一种充满魔力的、有改造作用的经历，是生活中最最重要的关系。身为女人的你可以永远从婚姻当中获得永久的安全感。结婚前，你们希望自己是对方的全部，如今你们真正成为了彼此的全部。婚姻让你完整。结婚吧，你将永远不再孤独。

生活中最重大的决定

在你还没有男朋友的时候，别人会问你："怎么没有男朋友呢？"等你有了男朋友，他们又问："你们什么时候结婚？"等你结了婚，他们还问："你们什么时候要孩子啊？"

所以你开始约会了。哪怕对这个男人你只是有那么一点点喜欢，你都会试图发展你们的关系。你开始追着他问："你怎么看待我们的将来？""你想要孩子么？"你跟他交往了几个月，也许跟他同居，甚至到你都已经嫁给他的时候，你心里都清楚得很：他照你理想中的男人差得很远。

你**究竟**是出于什么原因想要结婚呢？是因为你的朋友都结婚了吗？还是被这个社会忽悠得觉得自己该结婚了？或是因为你不想再给女友和她们的老公当电灯泡？这些理由跟你要嫁的那个男人无关，但却预示着不幸的未来——在你们的关系中，如果没有给那个最本质的自己留出空间，你和他都将永远孤独。

社会对你说：人无完人，所以降低标准，找到谁就嫁给谁吧；还说，抓紧结婚就等于是买了保险，不然以后找不到更好的怎么办。可是，婚姻绝不只是买保险。如果你同意降低标准，那么你就成了"真爱不存在"这一信仰的追随者。而在女人的生命当中，没有什么比这个信仰更阴险、更摧残人的了。嫁给谁是你一生最重大的决定。

而如果我们就这样结了婚，那就等于是我们沆瀣一气，打造了一个充斥着无爱婚姻和婚外情的社会。我们也开始相信，无论婚姻多么令人精疲力竭，这就是我们能得到的最好的生活了，甚至当丈夫开始跟别的女人上床，我们还是这么想。而降低了标准的我们，又把无爱的信念传递给了下一代。

我们接受的是这样一种婚姻幻象，然而却有那么多人**并未**生活在这么美好的幻境里。比如在美国，由于晚婚和高离婚率，已婚家庭的比例首次降到了一半以下。1950 年，已婚家庭的数量占全部家庭的 78%，而在 2010 年，这个比例只有 48%。1950 年，所有家庭中只有 9% 是独身人士，而现在这个比例已经高达 28%。

这些趋势将对美国社会产生怎样深远的影响，我们现在还无法知晓。在美国历史上，这是第一次，大多数女人的生活中**没有**丈夫。

而在中国，偏离婚姻的趋势更为激进。结婚的时候，没有人会想着将来有那么一天两个人互相怨恨，而在中国的 80 后人群中，这恰恰是多数婚姻的去向。据民政部的报告说，在 2005 年，80 后的离婚率已经高达 57%，而那一年，年龄最大的 80 后也不过只有 25 岁。如今在中国，婚姻给人们提供的只是安全感的**幻觉**，对很多人来说，婚姻是纯粹的亏损。

我看到过朋友们因爱而结婚，也看到有人到了觉得自己该结婚的年龄，好像"闹铃"响了一般，就跟当时与自己关系最近的人结了婚。那么婚姻究竟怎样才算是成功的呢？是简单的法律意义上的彼此相守，直至"死亡将你们分开"？或者是别的什么？这是个典型的悖论——我们把婚姻想象得很美好，而实际上却不知该如何对待婚姻。

想想这意味着什么吧。超过半数的女人离婚之后成了单身；没离婚的人中，又有一半的女人，丈夫会先于她们死去。这就是说，女人一生中完全有可能再次独身。我们中的大多数人在成年后的大部分时间里将是独自一人。这非常重要，我必须重复一下：我们中的大多数人在成年后的大部分时间里将是独自一人。

那么让我们来这样看待独身：独身是正常的生活阶段之一，或许它**就是**正常的生活阶段，而婚姻才是一种过渡状态。

社会关于婚姻的幻象导致女性生活中的浩劫。它骗我们进入欠考虑的婚姻，然后再要我们经历离婚的折磨，最后陷入全面的经济、情感和精神上的不安。

整个中国，整整一代年轻人成长在破碎的家庭中。离婚通常会给女人带来巨大的伤害，但至少我们可以掌控并继续自己的生活；可孩子们就不一样了。在离婚这件事情上，孩子才是真正意义上的受害者。他们脆弱、无助，有强烈的被抛弃的感觉和负罪感——认为父母离婚是自己造成的。

这种伤害对孩子的影响也许是一生的。在美国，20 世纪 70 年代离婚成了普遍现象，所以我们这一代就成了第一代离异家庭子女。在我朋友们身上，我看到父母离异给他们造成的影响是持续性的。很多人长大以后不敢去爱，对生活中的可能性充满恐惧。

在婚姻不幸但并没有离异的家庭中，孩子也可能会经受一样的痛苦。一项研究表明，父母没有离异的年轻人中有一半认为，如果父母早离了婚他们或许会感觉好过些。

要想解决问题，就要先弄清楚它的来龙去脉。所以，让我们仔细研究一下社会关于婚姻的幻象。既然现如今婚姻的幻象和现实之间存在那么大的鸿沟，为什么幻象还能存在呢？这里有两个原因，第一是单纯的文化滞后。如今女人可以不靠婚姻而自己养活自己，但毕竟这是相对的新生事物；社会信条还没跟上这个变化。

但我认为文化滞后并不是幻象延续的主要原因。我们仍然紧紧抱住幻象不放的根本原因在于——我们**希望**它是真的。

如今对女人来说，外面世界各样的机会着实令人兴奋，但有时选择也让人心神不宁。事实上，过于丰富的选择可以导致焦虑，正如心理学家巴里·施瓦兹在他的著作《选择的悖论：过犹不及》（*The Paradox of Choice: Why More is Less*）中所展示的观点。书中援引了哥伦比亚大学的一项研究：研究人员来到一家食品店，邀请顾客品尝 6 种不同的果酱。进行了品尝的顾客中，30% 的人购买了果酱；第二个周末，她摆出了 24 种果酱。这一次，更多的顾客进行了品尝，但其中只有 3% 的人掏钱买了果酱。

当我们为自己的生活作出选择的时候，风险可比选果酱味道高多了。我们眼下面临的这些个选择，其后果将伴我们度过整个后半生；更糟糕的是，我们作选择的时候根本看不出它的未来光景如何。

生活中的选择就像哥伦比亚大学的果酱样品，少一些会让我们感觉更安全。有时候选项少也让我们感觉更舒服，比如能有个男人将自己拥入怀中，该是件多么令人感到安慰的事情，要是这男人比我们年长一些就更好了。我理解这种感觉，我自己也是从那个阶段走过来的。我们向往出双入对，我们爱上爱情，盼着自己能够归属于某个人。我们愿意去相信：在成年后的生活中，有一条可以预见未来的路，婚姻意味着从此过上幸福快乐的生活，这让我们感觉无比欣慰。

婚姻不是灵丹妙药

在写这本书之前，我总是以为结了婚的人更快乐。毕竟，我们的媒体总在大肆渲染婚姻与快乐密不可分；而我只是从表面理解这些报道，甚至在我 Global Rencai 博客上还引用过它们。

后来我去更正了我的博文，因为我看到了哈佛社会心理学家贝拉·德保罗关于婚姻的研究报告。在《单身，不是你想的那样》（*Singled Out: How singles are stereotyped, stigmatized*）这本书中，她用超过三百页的篇幅深入细致地剖析了研究的主体：婚姻与快乐的关系。

相关研究存在的一个共同问题，就是在商科统计学课程一开始都会讨论的：因果与相关关系混淆。也就是说，尽管多数（但非全部）研究表明婚姻与快乐之间的确有那么点儿相关性，但是没有哪个研究能够说明婚姻对快乐的实际影响究竟如何。

完全有可能是稍快乐一点儿的人最先结婚罢了。另外一个问题是，所有的研究只面向"眼下的已婚者"，而这些人或许是因为喜欢婚姻所以就处于已婚状态；但研究却忽略了那些因为婚姻不快乐已经离了婚的人。

可即便是这些研究如此偏颇，能够证明快乐感因婚姻而增加的证据仍然很少。如今被广为引用的一项研究表明，在快乐的 0 到 10 个级别之间，来自婚姻的幸福感只有 1.1，这又怎能证明这个社会关于婚姻的幻象：婚姻将人从极度的不快带向终极的快乐！

德保罗博士还研究了离婚人士的情况，她的发现让人更痛心。结了婚并维持婚姻并不对一个人整体的快乐感有多少影响，但结婚后又离婚就不是那么无所谓了。人们离婚后远不如他们在结婚之前那么快乐，并且许多离了婚的人比那些保持独身或维持婚姻的人寿命要短。

德保罗博士的结论是：对待婚姻和感情，宁缺毋滥。她说她的研究不是去鼓励人们结婚或不结婚，而是意在"促进对婚姻和单身问题更诚实的解读和报道"。她认为，社会的婚姻幻象误导人们相信，婚姻是获得健康和快乐的灵丹妙药，这一做法"在伦理上太不负责任"，并且也得不到科学研究的支持。

我相信婚姻是一生的承诺，但这不是说我就要瞧不起社会中那么多单身的人。把这个世界划分为"正常的已婚人士"和"不正常的单身人士"，这本身就是错误的二分法。它排挤了太多的人，也让太多围城之外的人对围城内的生活有了错误的幻想。

社会将我们的确该珍惜的关系——婚姻——变成了女人生命中唯一要紧的关系。结果就是，人们认为已婚女人正常、单身女人不正常。这种态度贬低和轻视了所有女人的生活。

而已婚的人同样受到婚姻幻象的戕害。我经常被朋友中有人离婚的消息给惊到："什么?! 不会吧! 要是连他们都离了，地球都可能不是圆的了! 这是怎么回事?!"然后，我才知道，他们实际上已经挣扎了很多年，只不过在朋友面前一直表现得若无其事罢了。这真让人难过。如果不是觉得需要保持那个婚姻幻象，如果不是对婚姻中的问题感到那么丢脸，或许他们早就可以从关心自己的人们那里得到更多的帮助。

单身女人会羡慕结了婚的女人。可在我的经历当中，已婚女人也会羡慕单身女人。在我做副市长的时候，我那些做全职母亲的女友有时会来市政厅找我。她们看到我们如何改变世界，会羡慕我生活中有那么多朋友，而且生活如此有意义。而她们却在苦苦挣扎着，寻找自己的方向。

不是"剩女"而是"盛女"

《华尔街杂志》报道说，女人的薪水越高，她们对结婚的渴望就越弱。对三千名独身人士的研究表明，高收入的女性与低收入女性相比，不想结婚的人数是后者的两倍。"在一个女性真正具有平等权益的社会，婚姻和抚养孩子这两件事情究竟会发生什么变化?"普林斯顿人口统计学家查尔斯·韦斯托夫提出这样一个问题，"女性在经济上越独立，婚姻对她们的吸引力就越小。"

正因为如此，我非常喜欢演员李冰冰的建议——我们用"盛女"来代替"剩女"。这个说法非常巧妙：无论我们是单身、已婚还是离异，作为女性，我们都可以凭借自己的力量让生命如繁花般怒放。

对美国全国性调查数据的研究表明，二十几岁和三十几岁的单身女性的快乐指数在 14 年间上升了 11%，而同龄的已婚女性的快乐指数则下降了 6.3%。研究者得出结论说，"如果婚姻是用来夸大女性个人快乐感的"，那么"其效果显然在近年大大衰退了"。杂志《妇女日》（*Women's Day*）调查了六万名女性，发现其中仅有一半的人表示：如果重新选择，还愿意嫁给自己的丈夫。在 2006 年，盖洛普组织发现，68%的离婚或寡居的美国女性打算保持不婚状态。

在婚姻方面持有非常有益观点的，是那些阅历丰富从而对社会的婚姻幻象有免疫力的女人，以及头脑足够睿智、可以自己作出选择的女人。这些神话般的女人都是谁呢？她们是经济稳定的（这一点至关重要），三十几岁、四十几岁、五十几岁、六十几岁乃至七十几岁的，或离婚或寡居，只要想结婚就可以再婚的女人。

我碰巧认识很多这样的女性，她们经历了或美好或糟糕的多年婚姻后又恢复了独身。经过最初的一段调整期，再次独身让她们如获新生。关于婚姻，她们不再受那些美丽幻象的影响，她们的生活令人兴奋、安定而又平和；她们身边友情围绕，而且通过一些爱好和各种志愿活动让自己的生活非常充实。在失去自我多年之后，如今她们尽享自由。而她们中的许多人也有着非常活跃的约会生活。

丹麦作家艾萨科·丹森这样讲："女人啊，当她们完全长大、已经把做女人这件事情搞明白、能够释放自己力量的时候，她们一定是这个世界上最强大的生物。"这样的女人，她们对于爱情和婚姻的普遍观点是："一个男人得好成什么样，才能让我觉得放弃现在的生活是值得的啊！"听到了吧，这就是快乐、自信的女人们的心声。所有的单身女性，在准备尝试婚姻**之前**，都应该持有这样一种态度。

独身和婚姻都不是通往幸福世界的敲门砖。而婚姻的幻象却是根深蒂固、无孔不入的，它存在于我们每天的对话里，存在于我们身边的媒体中。无处不在的信息叠加到一起，把这个社会关于婚姻的幻象包装得像个普遍真理，几乎无从检验。

任何其他人都不能让你变得完整。把这种压力放置在任何人身上都是不公平的，都会导致痛苦和挫败。对女人来说，结不结婚、什么时候结婚只该是她自己的选择，为什么社会却总那么在意这个？婚姻作为一种社会制度，它应当是强大的，不应该承受不起女人迟婚的选择，更不应该让众人视作威胁。

不要只按照别人声称是正常或可接受的样子去生活。不要把生活中至关重要的选择建立在过了时的社会教条上。不要掉进那个别人为你设置的、该在多大年龄之前结婚生子的圈套中。

社会教男人作选择，教女人被选择。作为一名职业猎头，我一步步地学会了我所需要的选择男人的**知识**；但那是因为，之前我已经拥有了自己的生活，那给了我作选择的信心。

婚姻不是解决你生活问题的万灵药，它不是那么充满魔力的、有改头换面作用的经历，也不是在你感到迷失和不完整的时候逃往的避难所。任何人都可以在任何时候结婚，婚姻只是人类多种关系中的一种，人们可以按照自己的意愿进入、退出。

人人需要安全感，但真正持久的安全感只能来自于你的内心；独立自主是亲密无间的前提。不要只是等着你的好男人出现，别忘了你自己是个好女人。婚姻无法使你完整，让你完整的是**你自己**。爱情无比深奥，但——婚姻不是。

Do not
marry
before
age 30

第 3 章　　什么是爱

我们的眼睛，看外界太多，看心灵太少。

——于丹

我不知道你们那里的商学院是什么情况，不过在我当年就读的商学院，真正的"牛人"（我这样的！）选择的是房地产金融专业。金钱就是权力——至少我们是这么认为的，所以我们觉得管钱的人就有权力。我们班有 32 个人，女生只有我和另外一位。在我们对这个世界的认识里，专业也有三六九等；跟金融有关的专业是老大，而营销和人力资源则是"女生专业"——也就是说，适合数学不灵的人。我们挥舞着 HP 12c 金融计算器，心里那叫一个得意。

经过了许多年，经历了许多对生活的吐纳，我才意识到我对世界的认识是本末倒置的。实际情况是：数学没什么了不起，是呆瓜们爱学的玩意儿；而跟人打交道却难多了。"打交道"包括互动，协商，领导，爱，总之一切真正的人与人之间相互影响的行为。而社会中的优胜者，正是那些懂得如何跟人打交道的人。

伊丽莎白女王与同理心的威力

从前，有一位公主，名字叫做伊丽莎白。她将来要做英格兰女王。伊丽莎白公主有个难题，她有两个追求者都很出色，她得选一个。

对于一号追求者，公主说："和他在一起，让我觉得他是世界上最棒的人。"

对于二号追求者，公主说："和他在一起，让我觉得**我**是世界上最棒的人。"

她选择了哪一位呢?

没错,二号追求者,依世人所知,就是她现在的丈夫——菲利普亲王;而一号追求者则注定名不见经传。如今伊丽莎白女王和菲利普亲王的婚姻已经持续了六十多年。

这个故事里,女王夫妇二人都值得我们学习。我们要从伊丽莎白身上学习尊严。她可没有试图去博得男人的爱情——她是未来的女王!选人的主动权在**她**手里。而被选中的任何男人只会觉得自己幸运。

你或许不是女王,但生活其实很奇妙:如果你有女王一样的思维和举止,人们就会像对待女王一样**对待你**——我们得教别人怎么对待我们。

从菲利普亲王身上,我们需要学习如何吸引别人。成为世界上最出色、最美貌、最有成就的人其实没什么,而要想在事业和生活上获得真正的成功,关键在于懂得吸引别人的艺术。

近来,有个热门概念叫做“真正的自我”。人人开口闭口“做自己”。可是他们错了,只做自己是远远不够的。想做成任何事情,你还需要考虑别人会如何解读你的行为。再想想看,如果能够把人们都吸引到**你**身边来,是不是更好?

肯定是的。你身边是不是就有这样受欢迎的人?比如,这么一位女性,她像磁石一样吸引着男性,似乎所有的男人都无法抗拒她的魅力;再比如,这样一个人,在所有的派对上,所到之处永远是众人注目的焦点;又如这样一个人,当别人埋头苦干而得不到晋升时,却能脱颖而出,轻松进入管理层。所有这样的人,他们共同具备的一种能力叫做“同理心”,就是能够去理解和感知别人情绪的能力。它包括这样一些能力：

o 理解他人的性格、观点、动机和价值观；

o 建立深层次、有意义的个人关系和职业关系；

o 恰当而有效地回应他人。

生活中，对身边不同的对象，我们往往带有一些预设的期望。比如期望老板："给我升职！"期望男朋友："带我去度假！"可是，我们往往过于关注这些期望本身，却忽视了那些能够帮我们达成这些愿望的情感因素。

我们在学校里学到了各种知识，可在与人打交道的时候，真正起作用的是两个人之间的相互感觉。同理心是事业和生活中**最为重要的能力**。

在我看来，当今中国潜在的问题之一就是：人们缺乏同理心的能力。这与我们的语言和文化无关，它是由我们的成长过程造成的。

父母一心想让我们出人头地，所以一直教导我们要以学业为重。我们于是记住了一点：我们的表现永远比我们是谁更重要。于是，我们中的许多人在情感上变得麻木，甚至自己都不认得自己。Global Rencai博客的一位读者这样写道：

人们把我们这一代称作"橡皮人"。我们无痛、无趣、无梦，因为多数人的生活只是一些状况（婚姻状况，工作状况，收入状况等等）。我们从孩提时代起就被互相比来比去，比考试成绩、比学校、比学位、比挣钱多少……我们感到焦虑，因为我们的价值都体现在那样一些数字上。我们担心别人如何看待我们，远远超过了对我们创造价值的担心。于是，我们的梦想——如果我们还有梦想的话，很可能是建立在外部条件的对比之上，比方说要聪明过人、要拥有一家大公司、要有很多钱……而不是专注于自己内心的渴求。

　　当我们知道要靠优异的表现获得认可，于是明白了，我们作为人的价值与外界对我们表现的评判是绑在一起的。而这一切造成了我们几乎无法承受的压力。80 后惊人的离婚率恰恰证明，我们早已先行跟自我分离。

　　与此形成鲜明对比的是我的美国朋友。我常常感叹："他们活得可真够轻松愉快的！他们怎么做到的呢？"确实，与西方人沟通的时候，我们同理心能力培养的不足暴露得最为尖锐。记得我在杜克上大学的时候，迷茫又孤独，当时日裔英籍作家石黑一雄出版了他大热的小说《长日留痕》（*The Remains of the Day*），读它的时候，我一直都在流泪。主人公史蒂文斯是个英国人，他的雇主是个轻松愉快的美国人；史蒂文斯一心想要成为雇主的完美管家。他的挣扎，让我感觉是那么的同病相怜。

　　史蒂文斯在感情上自我压抑，而且举止拘谨、谦卑有礼（我就是这样!）；他跟周围人的互动虽然少得可怜，却总是对那一丁点儿的交流思前想后（我也是这样!）；他说的话都是在雇主有需要时不得不说的最必要、最实际的话；而每当他试图跟人谈论情感或开些有讽刺意味的玩笑的时候，别人却总搞不清他是什么意思。所以当雇主开晚宴派对的时候，他只能沉默地侍立在餐桌旁。他这样自言自语：

　　真是奇妙，这些人能够如此迅速地热络起来。或许是因为他们对这个夜晚有着共同期待的缘故。不过，我还是觉得，这更多得益于他们打趣的本事。

那时的我就是一个史蒂文斯。我也知道打趣能让人们彼此热络起来，但在我跟美国人的交往中，打趣却一直是最困难的。

付诸言行之前，先去感受和思考

关于同理心，相对于那些在情感表达上较为开放的社会而言，我们中国人已经输在了起跑线上。不过，同理心是一种可以培养的能力。可以这样做：

1. 对他人保持由衷的兴趣。管理学大师彼得·德鲁克以他的管理学理论而著称，但他对于人的看法却更让人着迷："比起那些抽象的概念，我总是对人更感兴趣……对我来说，人不仅更有趣、更多样，而且更有意义，恰恰在于人会成长、展现、改变、成型。"

2. 保持谦虚。很多人随着自己财富和权力的增加，谦卑之心在减少。这个趋势很不好。因为谦卑是同理心的必要条件。

3. 扩展你的知识面。要想成为一个思维敏捷、谈吐风趣的人，你必须要研究这个世界。

4. 谈论别人想谈论的事情。将谈话内容的80%集中于你谈话对象的事情上。寻找并讨论他们的兴趣所在。你会发现，每个人都很有意思，每个人都有故事，并且——每个人都喜欢说自己那点儿事！

5. 全神贯注地倾听。研究人员定义了三种类型的聆听：

第一级：深层次聆听，积极观察，解读非语言信息，并感知言外之意；

第二级：听到所有的话，但没有理会非语言信息，如肢体语言、语音语调等；

第三级：只听到交谈的某些部分，而其他部分或者未加理会，或者出现走神儿。

在生活中，我们很忙，因此倾听多数发生在第二级甚至是第三级的水平上。但我们都可以变成更好的倾听者，试着在所有的对话中，努力做到第一级的倾听。

对我的两个女儿，我非常重视同理心的培养。这不是因为我比其他中国父母更聪明或者做得更好，也不是因为我更爱我的孩子；而是因为我在生活中接受了各种各样的影响——当然也包括读了不少关于培养孩子的书，所以我和 Dave 想把她们培养得与众不同——让她们有自己的感觉、思想、才能和兴趣。

在小不点儿身上，强烈的情绪可能表现得非常吓人。我们的大宝贝现在处于"Terrible Twos"（可怕的两岁）阶段。头一分钟她还跟妹妹玩得不亦乐乎，转眼间，她的小脸儿就突然涨得通红，拧巴成了一副怒容，小小的下嘴唇委屈地撅着；深吸一口气，然后"哇"的一声哭出来；像火山爆发一样，愤怒、沮丧和恐惧的情绪喷涌而出。每次遇到这种情况，我们都不是简单地哄哄她"没事儿的，不哭了啊"，而是帮她疏导情绪。我们会问她，"怎么了？你好像很生气，是不是？我想我知道你为什么生气。是不是因为妹妹把玩具抢走了呀？"

帮助大宝贝表达出自己的感受，效果就如同给她的小火山劈开了一个出口。她小小的肩膀慢慢放松，情绪也开始归于平静。神经医学家约翰·梅迪纳在他那本非常吸引人的著作《婴儿大脑的运行规则》（*Brain rules for baby*）中，阐述了这种安抚策略在心理学上对于婴儿大脑的作用。

婴儿出生的时候就已具备情感意识，他们能够识别并对情感作出自然的反应。父母帮助孩子认识情绪，就是在帮助孩子的神经结构朝着情绪终生稳定的方向发展。在父母这样的关爱下长大的孩子，成人之后会具备更强的自制力，产生抑郁和焦虑失调的概率较低，具有更强的同理心；他们会拥有更深层次、更丰富的友情，拥有更多的朋友。

相反，有些成年人却似乎永远长不大，在情绪上似乎永远处于"Terrible Twos"的阶段。他们的生活似乎总是处在恍惚之中，封闭、困惑，常常感到不知所措。他们无论是做管理者、配偶、父母还是做朋友，能力都非常有限。他们的情感乱作一团、无从表达，聚集成为焦虑的熔岩。

认识并表达情感的能力，是生活的基本工具。通过情感，我们表达的是对这个世界的看法。情绪很重要。我们对它认识越多，就越能掌控它。而矛盾就在于：当我们假装不在意自己的情绪，它就被压制了，然后会累积、放大；其结果必将导致严重的后果。我们女人通常会将痛苦埋进心底，而男人却习惯于表达出来，他们会通过突然喷发的怒火把内心的焦虑释放出来，甚至有时会殃及周围的人。

一位高管最近与我分享了这样一个管理心得："如果感觉好，别说出来。"不要感情用事，要学会用情绪**敏感**代替情绪**反应**。当你感觉自己处于压力感或情绪化状态，要按"暂停键"。在作出反应之前，给自己一点时间做下面的事：

0 关注自己。辨别自己的感受，用言语表达出来。

0 在有解决问题的机会之前，不要发表意见、采取行动和作决定。

不要只是去**感觉**，或只是去**思考**一种情形，而是要给自己足够的时间同时去感觉和思考。在**说话**或**行动**之前，要去**感受**和**思考**。

这么多年来，这个"暂停键"对我来说作用之大简直难以言表。回头想想每一次我发了脾气，或者说了什么、做了什么让我事后觉得尴尬，我都后悔当时没有停下来想一想。有很多次面对很糟糕的情形，救命的就是这么简单的一句话："给我点时间想一想。"绝大多数情况下，别人会感到高兴，因为这表明了我对待问题的态度是严肃的。而每次我争取的这段时间都让我受益匪浅。

用情绪敏感代替情绪反应是需要时间和操练的，不过一旦拥有了这种能力，我们自己和周围的人都会受益无穷。自我意识是对我们是谁、为什么做我们做的事，以及对我们所做事情负责的深刻理解。拥有自我意识，会帮助我们作出更好的决定，实现更多的计划，赢得更多的尊重。

要想管理别人，先要管理好自己。如果我们都努力将自己的情绪和思维更好地融合在一起，我们会成为更好的领导者、更好的父母和更好的爱人。

不过，这样讨论情绪问题，还是让我觉得有点儿不自在——咱们中国人不习惯讨论情感的。所以，我非常欣赏心理学家约翰·高特曼的研究，他搭建了一个"关系"的数学模型。在数十年间，高特曼博士对夫妻间的互动进行观察，记录和测量他们每一次面部表情和血压的变化。他将那些互动进行了量化，形成夫妻对话的参数表。（这多好啊——有数字了！）

不同的互动被赋予不同的权重。比如，"蔑视"的权重为 −4，"厌恶"的权重是 −3，"抱怨"是 −1。在正值部分，一次爱意的表达（如表示"同情"的微笑）、一次抚触的权重是 +4。当积极互动与消极互动的比例降低到了 5∶1 之下，这个婚姻就有离异的危险。

通过观察一对夫妻争论某个问题的对话录像，高特曼博士只看开头的几个片段就可预言这对夫妻以后是否离婚，准确率高达94%。他将那些常年保持快乐婚姻的人们称为"婚姻大师"。

当"婚姻大师"们讨论要事的时候，他们也会争论，但他们会边吵边笑，还会互相打趣，并会流露出爱意，因为他们已经建立了情感上的联系。但是很多人不知道如何建立这种联系，以及如何营造幽默的氛围；就是说，很多夫妻吵架是因为他们无法建立情感上的联系。如果不是借助数学模型，我们是不会搞清楚这一点的。

高特曼博士的数学模型是针对已婚夫妻建立的，但我觉得可以将他的研究结果外推到所有的关系当中。在任何一个关系中，都要建立积极互动与消极互动之间5：1的比例。在每一次指责或发表负面意见之前，要先保证你给得出至少5个赞扬或正面意见。最要紧的是在我们的"账户"里面储蓄的积极和消极互动的整体数量。

当你作了一次积极的互动，你就在这个"账户"里存了一小笔，可备不时之需。当你积攒的积极情绪数量可观的时候，你就可以用它来抵偿指责所引起的消极情绪。情绪上的平衡要始终得以保持。

当我们求胜心切，我们就跟自己、跟他人相分离。其后果是社会中的每一个人不可避免地将他人视为自己的敌手、成功路上的绊脚石；**再接下来**的后果，就是当今在中国，我们谁都不敢相信，疲惫不堪，陷入困境，对未来不知所措。

而此时拥有同理心就显得尤为重要。人人疲惫、人人无措，而同理心会为我们赢得生活各个方面的成功。

所以——率先行动，与他人在情感上建立真正的联系吧，那将是绝对有力的第一步。在更深的意义上，同理心是一个引子，它会在我们的生命中注入爱和信任，也让人与人之间真正的联结不再奇货可居。

什么是灵魂伴侣？

读者有时问我对灵魂伴侣这件事情怎么看。"什么是灵魂伴侣？一人只有一个吗？"

我相信在这个世界上，可以做你灵魂伴侣的人不止一个，但你自己选了一个。起初，你们是互相独立的两个人。当你们决定将两个人的未来放置在一起的时候，你们的生活开始互相交织。随着时间的推移，你们的联系如同阴阳，成为了一种共生关系。

陷入爱河很容易，但永沐爱河又是另外一码事；最初的爱如潮水终不能永远澎湃。这让人很难接受，因为没有任何其他感情体验像坠入爱河那般令人沉醉。而且，在我们不够成熟、辨别不出自己的灵魂伴侣之前，也完全有可能爱上什么人。十几岁的孩子就是凭着激情和放纵的心态坠入爱河。

有些恋人总在深情对望，却没有意识到，面对未来，更重要的是两个人的眼睛要向同一个方向去望。现代婚姻的典型过程是这样的：你碰巧认识了一个人，这个人又碰巧喜欢你，你们约会了；经过一段时间，你们结婚了；接下来，是没完没了的妥协，努力维持这个婚姻；然后，实在维持不下去了，你们离婚了。

我们总听人说，婚姻需要很多付出，于是为了好好在一起我们必须付出很多。

而实际上，如果你做好了两件事，婚姻会很轻松：1.嫁对了人；2.学会爱的技巧。

我想要 Dave 知道，他是这世界上最美好的人。而正因为我相信他**就是**世界上最美好的人，我的角色容易多了。在我每天与他的互动中，我试图克服自己的不耐烦、狭隘和自大，代之以同理心的操练。

我从前是个好争辩、过于关注"事"的人，这种个性曾导致我与 Dave 争论不休。我总认为我是对的，然后就想证明自己是对的。可是一段时间后，我意识到，如果我们的目标是爱，那么以赢得辩论为目标就没有任何意义。有时候我们只是看问题的角度不同，这其实没什么。

让我的婚姻如此轻松的关键，正是因为我意识到这一点，在我们的婚姻当中，我的目标是爱——对自己的爱、对 Dave 的爱、对我们女儿的爱。而达成这一目标最有效的途径，是操练我自身的同理心。从这个意义上讲，婚姻是对生活最伟大的操练。操练的结果是更美好的婚姻，还有更美好的自己。

婚姻跟约会完全是两回事。婚姻更像是一个小生意，两个人互为合作伙伴，又互为雇主雇员。这听起来挺无聊的，但如果你抓对了"合伙人"，这件事情也会妙不可言。

为了让你们的小公司成功，你们俩必须互相信任，并且相信彼此的判断力；你们也必须在公司的发展方向和价值观上保持一致。你要决定公司如何赚钱、如何花钱。你们要判断什么事情必须做、谁来做。与其他生意不同的是，你们两个必须承诺，共同经营这个公司，为之出力，今生今世。

当我们刚结婚的时候，我觉得自己不可能像爱 Dave 那样再去爱什么人了。而一年一年过去，我们之间的爱越来越深。两个女儿的降生，更让我们的爱情锦上添花。

但在这个家庭里面，核心仍只有我们两个。每一个清晨，我睁开双眼，感觉世界是如此美好——我最好的朋友和爱人就在身边。

我的生活中有许许多多的朋友，但我最喜欢跟 Dave 在一起。我们的婚姻中已经发生了许多美好的事，而我们还有更多美丽的记忆要一起去创造。跟 Dave 在一起的时候，我的心在歌唱，世界充满阳光。我们一起规划生活，我们为同样的事情欢笑。能跟他一起变老，我想想都觉得幸福。

爱情是否存在于合法的婚姻制度之内，不应当成为评判它的唯一依据。爱情存在于男女之间，或许有性，或许无性；爱情也可以发生在婚内婚外。美国政界面对那么多更严重的社会问题，却总拿同性结婚这个问题来避重就轻，这让我觉得真烦。我是这么看待这个问题的：两个人相爱终究是件美好的事情，这与他们的性取向无关。

选择结婚对我来说是正确的吗？是的。但这是否意味着对每个人来说都是如此？不见得。不管社会的教义怎么讲，在我的朋友中，有的结了婚很快乐，有的结了婚不快乐；有的单身很快乐，有的单身不快乐。

爱的魔力

在我跟 Dave 的关系中，很重要的一点是：他是我最好的朋友，但不是我唯一的朋友。

作为现代女性，我们不需要靠婚姻才能生存，但生活中的确需要跟他人建立起真正的联系从而获得爱。我同意女演员刘若英的说法："我觉得同性之间的爱情和异性之间的爱情一样不可取代。男人能给我的，女人肯定不能；女人能给我的，男人也肯定不行。我很享受跟不同的人有不同的关系。"

《纽约时报》畅销书作家、全球民意调查机构盖洛普组织的汤姆·拉思曾经发起了一项对美国长期无家可归者的调查。起初他猜想大多数这样的人是因为酗酒、吸毒或精神疾病而导致无家可归。但他的同事深度采访了这些人之后发现，各种成瘾问题以及其他问题并不是他们无家可归的根本原因，而只是一种表现。

那些数十年无家可归的男性和女性有一个共同点：缺少健康的友情。在他们身上，友情缺失的问题比什么都显著。而无家可归只是他们困境中最显性的一个表现罢了。

拉思和他的同事于是把注意力转移到了那些摆脱无家可归状态的人们，想看看到底是什么让他们最终战胜了无家可归。他们的发现更令人惊讶：那些脱离了困境的，都是找到了某个人——一个志愿者、一个失散很久的家人，或者别的什么人——总之是一个相信他们的人。

拉思将他对无家可归者的研究，以及对盖洛普全球数据库中 800 万人次的采访进行的分析，浓缩在《死党朋友：你生命中不能没有的人》（*Vital Friends: The People You Can't Afford to Live Without*）一书中。

我们周围的朋友非常重要，因为我们会变得越来越像我们最好的朋友。书中，拉思得出的结论是：友情是人类所有需要中最基本的需要之一："如果没有朋友，我们很难过活，想过得好就更没可能了。"

所以，长期处于单独关押状态的服刑人员，精神健康受损也就不奇怪了。人类是社会关系的产物。拥有广泛的社会关系会让我们快乐，并让我们拥有一种团体的感觉。我们的大脑控制着很多疾病的机制。压力可以导致疾病，而友情和快乐则可以保护我们。

我们不只需要朋友，朋友在我们生活中的作用还很关键。拉思认为，为了获得满足感、调动最大的潜力，每一个人都需要八种特定类型的朋友：

"建造者"给我们激励和引导；"拥护者"给我们支持和鼓励；"合作者"分享我们的兴趣和激情；"陪伴者"总是陪在我们身边；"牵线者"把我们介绍给其他朋友；"活力者"是我们的开心果；"启迪者"与我们分享思想；"导航者"为我们提供建议、指引方向。

没有人能集所有这些功能于一身。而在处理各种关系的时候，我们常犯的错误是希望从一个人身上获得全部——比如从我们的老板或配偶身上。拥有不同种类的朋友能够帮助我们在不同方面发展，使我们成为更复合、更独立自主的个体。所以说，你的各种私人关系越深、越广就越好。

身处一个常让我们感到冰冷残酷的世界中，我们很容易忘记爱有多重要，生命于是出现可怕的空洞。因为我们真的需要爱，需要通过不同的关系来获得爱。通过同理心，我们深刻理解别人，懂得如何去爱别人；而通过爱别人，我们自己也会变得更美好、更完整。

如果每天都沐浴在真正的友情之中，我们会活得更长久、更健康，收获更多的成功。这听起来好像很简单，但在"长日"的尽头，爱关乎生死。

Do not
marry
before
age 30

第 4 章 你就想嫁个有钱人，是吗？

女人如果依附了一个男人，她就没有自己的思想。在这个个性使然的环境中，男人也都喜欢有个性有能力的女人。

——杨澜

让我猜猜看。你就是想嫁个有钱人，对吗？

你是这么想的：有钱人也需要爱情啊，我怎么就不能爱他呢？

好吧。就算你爱他，可我们女人关起门儿来说话：如果他没那么有钱，你是不是就不会那么爱他？

你不用回答——**我懂的**。我也是过来人。曾几何时，**我**也想嫁个有钱人。

1991 年，我从杜克大学毕业的时候，中国正在改革开放。随着中国经济地位的提高，我在美国的社会地位也随之提高了。中国女人在美国开始受欢迎。所以，美国人不再认为我是个丑八怪，开始觉得我漂亮又迷人。时来运转的感觉真不错。

于是，我不断地有约会对象。他们当中既有有钱有势的，也有条件一般的。他们大多比我年长，生活基本成型，所以我总会不由自主地想去尝试他们的生活。这从我那时的衣着打扮上就看得出来——这些人当中，有人喜欢摇滚女郎，有些喜欢优雅淑女，而我就像个变色龙一样，不断配合着周围的环境变换自己的颜色。30 岁的时候，我那个包罗万象的衣橱里已经有了许多根本"不是我衣服"的、我再也没穿过的衣服。

而当我回想起那些交往对象的时候，我总会感慨："我真庆幸没嫁给**那个人**啊！"不过，我可不是说这些男人谁都做不了丈夫，我是觉得那些年自己还远不够成熟，根本无法作出那一生的承诺。

在那个阶段，再多的寻觅也不可能让我获得满足，因为我想从男人身上寻找的正是我自己缺少的东西。可如果为了讨人欢心而削足适履，结果往往会伤了别人也伤了自己。而当我们越来越独立，我们在感情当中寻觅的自然就更多了。

Mr. Right 不想做你的 Sugar Daddy[①]

一个纽约女孩给自己打了一条这样的征婚广告：

本人今年 25 岁，很漂亮（真正的漂亮）。本人善于表达，品位高雅。欲寻年薪 50 万美金以上的男士。这或许直白了些，但别忘了，纽约中产阶级的年薪标准是过百万。故本人不认为这是一个过分的要求。

本人**诚意征婚**。本人将真实想法摆在这里，存心羞辱者请免开尊口。漂亮女孩多浅薄，至少本人开诚布公。本人不会找自己配不上的人，望你在以下方面都能与本人相配：外形条件，文化背景，个人素质，持家能力。

一华尔街金融男这样回应：

你的征婚，在我等看来，无非就是一桩不划算的买卖。理由如下。去掉所有废

---

① Sugar Daddy：指年龄较大且较为富有的男人；如果年轻女子因其富有而选择他们做丈夫或男友，就会被戏称为她们的"甜爹"。——编者注

话，你提议的就是个交易：用你的美貌换我的钱。这好说。可这里面有个问题：你的美貌会消失，而我的钱却可能成为永久资产——事实上，我的收入很有可能会增加，而你的美貌却绝对不可能增加！

因此，从经济学角度，你是贬值资产而我是增值资产。而且你不光贬值，还会加速贬值。我解释一下：你今年25岁，接下来5年你可能都明艳照人；但是，再往后你就一年不如一年。你会老得相当快，等到35岁——你可就彻底没法看了！

所以，按华尔街术语，我们会认为你是只"交易股"，不宜"持有"。可是难就难在——你要的是婚姻。"买"你挺不划算的（这是你的要求），所以我会考虑"租"你。你大概觉得我这么说很残忍，所以我解释如下：我的钱没了，你不干；你的美貌没了，我也不干。道理就这么简单。所以，就这桩生意而言，最合理的方案不是结婚，而是约会。

又：我刚工作的时候，学过"市场效应"。我怀疑一个"善于表达、品位高雅、真正漂亮"的女孩为什么没找个 Sugar Daddy[①]。我也很难相信，如果你真像自己描述的那么好，为什么那个"年薪50万"没有去找你——试用的不算。

还有——要是你能自食其力，我又何必苦口婆心。

希望我的话对你有帮助。若你愿意考虑"租用"方案，请与我联系。

就这样，关于女人的美貌和男人的金钱之间的交易，在这样一个明眼男人的分析中昭然若揭。

我真的懂得——找个有钱的男朋友的确有许多好处。他带你出入豪华酒店，飞遍各大都市，让你锦衣华服。

可是有钱男人，特别是年龄大的有钱男人，他们往往已经有了自己的生活。你如果把自己塞入他的生活，你就失去了自己的生活。做他的女朋友，甚至是老婆，抚养他跟前任生的孩子就**变成**了你的生活。这还不算，待你花容不在，你连这样的生活都会失去——他又去找个"二奶"，这也算不得稀奇。

不要依赖男人来养活你，那就像病人依赖呼吸机而存活。如果在你心中，你没有这样的信心——"有没有男人我都能过得很好"，那么你永远都不会跟任何男人彼此真正对等。女权主义领袖格洛丽亚·斯泰纳姆在 77 岁的时候，这样劝告女人们为自己的今后打算：

（在我年轻的时候，）我觉得反正要结婚，所以从不作打算；我做什么都像是临时为之。总觉得将来的丈夫和孩子才是我对未来的打算……而我 50 岁之后终于开始存钱了，这让我终于不再担心自己最后沦为一个老穷鬼；而我也终于有信心自己将来老有所依了。

她的话里最触动我的，不是她不能"沦为老穷鬼"，而是"不会沦为老穷鬼"**这个认识**让她的生活底气十足。

我有很多有钱有势的男性朋友。从他们身上我发现一个共同点：一个自重的男人（你唯一应该考虑的那种）不会有兴趣给别人做 Sugar Daddy，并且能够一眼看出谁是冲着钱来的。他当然也不会只让自己被利用而不去利用别人。就像那个华尔街金融男所说的：我既然能租，为什么要买？如果你想得到一个出色的男人，你自己要先成为一个出色的女人。一个好男人想要的是一个跟自己对等的同伴。

我和你一样，我也想有个舒适的家，我也喜欢美好的东西，我也希望我的孩子们要什么有什么。但是，得到更多金钱和权力的途径，要靠自己去挣取。

自己赚钱吧，姐妹们。你需要让他知道，你的生活你做主；只要你想，来去都是你自己的事情。

要是你们俩相处不来怎么办？要是他不管出于什么原因消失了怎么办？你的生活还是要继续。IBM的高级经理周若仪跟我分享了她对女儿们的劝告：

你们的外祖母给我的最有价值、让我记忆最深刻的建议是：女人最重要的是要独立。对你们，我要加上一条：等你完全确定自己从经济上、情感上、生理上都能够独立抚养孩子的时候，再要孩子。

可要是有个有钱人愿意资助我呢？

有个 Global Rencai 的读者这样写道："可是，如果我遇到一个愿意资助我的有钱人呢？他愿意出钱供我读 MBA，然后还愿意出钱帮我创业，我难道不能嫁给他吗？"

奥地利犹太神学家马丁·布伯在他 1923 年的著作《我和你》（*I and Thou*）中，将人与人的关系分为两种形式。第一种是"我—它"，是将对方视为物品，眼里只有对方能为自己做的事情；第二种是"我—你"，将对方视作主体，所以会像了解自己一样地去了解对方的需要和感受。

如果你和一个男人之间是"我—它"的关系，你那不是爱他，你只是在拐弯抹角地爱你自己。你这种态度表明，你并不是觉得他有多么特别，而只是看到了他对你的生活的用处。换一个同样宠你的男人，你也会嫁的。

很多人为了钱结婚，这甚至让人觉得自己很聪明、很酷。可别忘了，有时候聪明反被聪明误。

你不想被这个社会逼入无爱的婚姻，可你这么做恰恰是自己走进了无爱的婚姻。当你为了钱嫁给一个男人，你不光是物化了这个男人，还物化了你自己；这是因为——本来**你**是个抢手的结婚对象，但你只想找个有钱人结婚，这就让你**自己**的价值根本无从衡量。

婚姻让你生活中的各种可能性减少。不要让你生活中原本无尽的可能性因嫁给了一个你不爱的人而消失。你值得拥有更多。

要是他生意失败了怎么办？如果有一天他需要你来养活怎么办？如果有一天你和他都没钱了，你还会那么爱他吗？如今经济形势瞬息万变，巨额财产可以在顷刻间化为乌有。一个今天的有钱人可能明天就变成穷人，而今天的穷人或许明天就变得富有。我还在房地产界的时候，周围有很多这样的企业家，他们昨天还是亿万富翁，今天就一贫如洗。

我劝你要为爱结婚，并不是说有爱就一定意味着没钱。应当这样看待男人和金钱：要嫁给一个跟你具有同等金钱价值观的人。如果你想积累财富，就不要嫁个只爱打网游、花钱如流水的男人；如果你不大在意金钱什么的，只想攒够钱偶尔旅旅游、长长见识，那你最好嫁给一个也是这么想的男人。

做妈妈意味着两难

为生活作打算对每个人来说都不容易，对于现在的女性来说更是如此。在一个家庭建立之前就去琢磨它的风险和收益，这看起来不近人情也破坏情绪，所以很多人在进入婚姻的时候，只是对婚姻抱有最模糊的良好愿望："我们都希望有能够实现自我价值的工作。我们都想要孩子。我们愿分担抚养孩子的义务。我们相信男女平等。"但是，很少有人在结婚之前对于成立家庭所涉及的现实问题进行过现实的讨论。

可是，一个原本运行正常的二人世界，当第三、第四个成员出现的时候就变得复杂很多。人们不断对你说，有了孩子之后生活就再也不一样了。我在做母亲的时候，已经见过很多朋友做母亲，可当我有了孩子之后，养孩子所耗费的时间、精力还有金钱，仍然把我惊得目瞪口呆！

做父母有很多快乐，但也有很多损失。做父母紧张、耗时，让人精疲力竭。而与其他工作不同的是，这是一份每天 24 小时、一年 365 天的全天候工作。当你做了父母，你连一天都很难规划，更何谈规划你的职业。而当有了孩子，女人们才意识到，想协调好这两件事真是难上加难。

作为女人，我们中绝大多数都不想独立承担所有的抚养责任。我们享受与孩子们在一起的美妙时光，但我们也需要生活有其他内容。

与以前的男人相比，如今的丈夫们做更多的家务，也花更多的时间在孩子身上。但是要获得真正的男女平等，我们依旧有很长的路要走。绝大多数女人在做家务和抚养孩子上的付出都比男人多。对大多数女人来说，做妈妈意味着两份全职工作。

而每当男人在这些事情上伸手帮我们一把的时候，社会就会对他们赞扬有加——因为按照定义那些是该女人干的事情。有时候在周末，我看到我的男性朋友在网上将自己的状态改成："老婆去做头发了，我在给俩孩子当保姆！"每次我都忍不住发笑，很想评论一句："老兄，用词不当吧，你那叫'当爹'——那又不是别人的孩子！"

男人比女人更喜欢做一些个人的活动，比如健身、吃饭和从事业余爱好等。而孩子还小的女人呢，你上一次听说这样的妈妈去打高尔夫球是什么年代的事了？

社会学家们发现，对于工作和家庭的结合，男女的反应是不一样的。当出现"多任务处理"的时候——比如一边看着孩子在操场玩耍一边接客户电话，男人会觉得自己是个"了不起的老爸"，而女人只是感觉到压力。这些发现来自为期两年的"500 个家庭研究"。结论发表在由美国社会学协会主办的杂志《美国社会学评论》2011 年 12 月号。

研究发现，爸爸们在看孩子的时候，更喜欢搞一些"互动式活动"，这些活动"比老套的哄孩子玩的把戏要好玩"。妈妈们看孩子的时候，更喜欢给孩子安排一些差事，让他们去做活动，或监督他们写作业。爸爸们下班回家后，他们觉得压力减小、情绪变好；而妈妈们下班后是开始上"第二个班"，情绪没有什么改善。

研究的牵头人芭芭拉·施奈德说，这些新的数据帮助我们解释了这一矛盾现象：男人更顾家了，但并没有让女人们变快乐。

难怪很多孩子妈妈总是垂头丧气、无精打采，总是抱怨生活压力太大。一个结了婚有了孩子的女人，她的生活比结了婚有了孩子的男人、比单身女性和单身男性都要难很多。

女人承担着做父母的成本和风险

很多女人把丈夫的事业放在首位，在现代婚姻中仍然如此——即便她们有了更好的事业，甚或比丈夫挣钱多。这种以男人的事业为优先的做法，通常对夫妻双方来说竟然是想都不用想的一件事。比如，现在是五点半，六点钟就要把孩子从幼儿园接回来了。那么肯定是妻子放下手头还没完成的工作去接孩子。再比如，妻子和丈夫的工作都很好、都需要经常出差，那么就得有一个人不能再那么频繁出差。又是妻子，她主动把自己的事业降格。

你或许觉得，既然你丈夫能够在经济上供养你，你就可以不那么关注事业了，可以换个轻松一点儿的工作、减少工作时间，甚至有几年干脆不工作了。你还觉得，当有一天你想重振自己的事业，职业的世界还会敞开怀抱迎接你。

可是，你的这些设想充满了风险。社会还没发展到能够按照你的时间表来容许你降格或升格自己的事业。作为猎头，我每天看着这样的事情发生。当你将自己的事业心放在了次要地位，它将导致一连串的、长期范围内对你生活和事业的双重影响。那些主动让自己事业缩了水的女人大多数再也跟不上趟。她们的技能过时、人脉过期，取代她们的是别的更有抱负的人。女人极少能够在职位水平上接续她们当年离开时所放下的工作。

做父母和干事业在成本和收益方面是完全不同的。当男人在经济上供养家庭，他们的成就会不断得到认可。通过事业，他们也获得了长久的友情和人脉资源。

相反，女人的角色却得不到经济和社会意义上的补偿。全职母亲通常自信心和自我认可度都很低，即便在照顾孩子和社交能力方面也是如此。做幼小孩子的母亲是沮丧产生的最主要的危险因素。而母亲身份本身，在女性老年的时候，也是贫穷现象发生的主要危险因素。而且，这会慢慢导致丈夫与妻子在兴趣方面的分化，让两个人开始生活在不同的世界。

看看周围那些生活得一板一眼的女人吧：早早结婚，然后在贤妻良母角色中失去了自我。她们不再关心自己，不再给自己成长、学习和创造的机会。

很多女人就是这样，日复一日、年复一年；到了四十几岁的时候，丈夫身边有了年轻漂亮的女人，她们就被无情抛弃。每当我听到男人用这么简单的一句话总结自己从前整个的婚姻家庭生活史，我就浑身发冷——"她让人烦透了。"

怀孕和抚养幼小孩子是女人生活中最脆弱的时光。婚姻和孩子的风险对女人来说要比对男人大很多，因为所需要的各种成本——照顾孩子、时间、情感、职业机会、经济安全感，都由女性来承担。

而那不成文的合约是：丈夫会把他将来挣的钱拿来给妻子和孩子用。可是从各种研究中可以看到，早结婚的女人早离婚的概率也更大。而即便是男性被要求在离婚后继续供养前妻和孩子，女性在离婚后也往往会陷入糟糕的经济状况。

在中国，通常离婚之后男人的财富会增加，而女人和孩子变穷的可能性却很大。绝大多数女人再也无法在经济、情感和精神上翻身。可让人惊奇的是，尽管如此，据民政部的报告，中国有 70%到 80%的离婚是由女性提出的。这也说明了她们的婚姻生活曾是多么糟糕。

社会认为，我们女人把家庭放在事业之上是一种美德。"你为了老公的事业牺牲了自己的事业，这太伟大了！"所以，尽管我们把照顾孩子当做一项有终极意义的工作，大多数男人可绝不会欢呼雀跃着要做全职爸爸。

我也经过了很长时间才认识到这些。在我成年之后很长一段时间，我是赞成我的女性朋友呆在家里带孩子的。我觉得女人应该要有选择，而有选择意味着我们不该因为决定专心养孩子而被看低。在政治上和哲学意义上，我依然这么认为。

而从现实意义上，我现在的观点是，做个全职照顾家的主妇对任何女性来说都不是最好的选择。我看到周围那些把全身心都投入到家庭中的同龄人，她们几乎无一例外变得孤独、厌烦、失落，最终变得抑郁。她们中许多人很富有，所以钱不是问题。可金钱无法让你那与外界隔绝的痛苦变得麻木。我最快乐的朋友们，是那些对家庭之外的世界有所贡献的人。

作为女人，我们需要有在家庭之外的角色。这对于我们跟自己的关系和我们跟他人的关系来说同样重要。而培养孩子们独立精神的最好方式，就是展现给他们一个独立母亲的形象。

如何才能让女人们既能实现自己的梦想，又能拥有健康的家庭呢？在如今职业发展的高速路上，我们需要有效的"停车带"，让男人和女人可以暂时离开"主路"，去照顾孩子或年迈的父母，之后还有重返职场主路的机会。

世界上有许多地方制定了男性带薪服两年或四年兵役的政策。那么，为什么不为男性和女性制定一项家庭休假的政策呢？我相信，如果我们有志于为女人和家庭建立一个类似的系统，事情是能做成的。

同时，那些以未充分就业的母亲为主要劳动力的公司，很有前瞻性，前景看好。这一点上，只消看看那些由女企业家在成为母亲后建立的了不起的公司就知道了。

拥有一切的意思是不要凡事亲力亲为

有些名人做什么都好像轻而易举。例如安吉丽娜·朱莉。她是一个票房皇后，大美人，而且还嫁给了世界上最性感的男人之一；她是一个世界级的人道主义者，还是六个孩子的母亲。她是怎么做到这一切的？

她当然不是自己做的。据报道，她至少请了五个保姆，当然她从来不让保姆出现在镜头里。除此之外，她的"安吉丽娜公司"还有许多教师、清洁工和私人助理。

我非常佩服安吉丽娜。她的演技当然是没的说，她也比其他好莱坞明星都更加努力地经营自己的正面形象。这让她成为了好莱坞最有影响力的女明星。不过，话又说回来，我们大可不必因为看到安吉丽娜把自己包装得像个超级妈妈，为自己做不到她那样而羞愧。

也时常有人问我："**你是怎么做到这一切的？**"事实上，我没有"做"。我有一个绝好的丈夫，我还请到了一位全天候保姆，她照顾我的两个女儿、为我们做饭。家里的卫生也会有钟点工定期来打扫。

几乎每一家大公司的 CEO 都是男性。每周 80 小时的工作时间意味着他们不可能待在家里看孩子。他们用不着那样，因为他们大都拥有两样非常重要的资产：一个全职太太和很多付费的家政服务。

拥有一个全职太太真是再好不过了：她像爱自己一样爱你的孩子；她为你操持家务，她每时每刻都在，而且她还跟你过性生活。不过，全职太太养起来也不便宜。

网站 salary.com 对全职妈妈的估值为每年 115000 美金。那已经相当于一个小型的国际化公司的一般经理或副总的薪水了。

而家政服务也不便宜，在美国尤其如此。这就是说，你需要挣很多钱去应付这笔开支。所以说——你需要等到自己在经济上稳定之后再要孩子，这对你自己和孩子都好。

做到这一切——追求梦想，做好母亲，又保持清醒而优雅，秘密就在于不要亲力亲为。方法如下：首先，嫁给一个能够成为你真正伴侣的人，这才是对你最大的帮助；然后，找到你周围能够找到的所有帮助，或许从你自己的父母、公婆那里，或者是家政服务，以及其他任何你能够获得的帮助。

对于当今的女性，婚姻和做母亲带来重大的好处，也带来巨大的成本和风险。成功的婚姻并不要求男女完全平等，但它要求你和你未来的丈夫必须对生活的安排意见一致。

这个社会总在催我们结婚，但在婚礼之后，它的教义对我们的生活就不再有任何帮助。所以，新娘们规划的就只是自己的婚礼，而不是自己的婚姻。

而早作打算对你的生活至关重要。正像格洛丽亚·斯泰纳姆说的那样：

是否早作打算，是最可靠的划分阶层的标尺。富人通常提前规划几代，穷人则只想周末怎么过。照此看来，即便是名门千金也该算是较低阶层，因为她们把自己人生的控制权交给了丈夫、孩子、社区和社会。

你梦想中的生活是有意义、充满了爱的生活，对你来说这是必须要有的梦想。

不要因为想象中的某种奢华生活，或是理想化的做母亲的生活，就放弃你的梦想。我们的生活是多变的。环境在变，生活在进步，**我们**也在进步。如果你想拥有一切，你就能拥有一切；但在去往目标的路上，在每一个路口，你都必须要看清楚面前的选择，早作打算。

Do not
marry
before age 30

第 5 章　　　　独处和已经失落的艺术——创造

每个孩子都是艺术家。问题在于长大后如何继续当个艺术家。

——毕加索

这个社会关于婚姻的幻象，对我们有一种不易觉察的戕害，就是在我们内心注入了对孤单的恐惧，让我们开始将"孤单"跟"孤独"和"孤立"等同起来。这个念头让你恨不能马上从"孤单"里面跑出去，用一个男人把自己的生活填满。快把这种冲动放到一边，好好享受独身吧，因为正是在只属于自己的时间里，你的独立性才得以建立。而自我认知的过程，历来都是一个孤独之旅。

越来越多的研究发现，独处的时间非但不是一个需要处理的问题，恰恰相反，这样的时间对于我们的健康非常重要。在忙碌的一天之后，放松自己、享受自己掌控时间的感觉，这对我们其实是一种很好的滋养。

如果我们不是出于害怕或社交恐惧症等原因而主动选择了独处，它会有助于我们同理心的培养而不是孤立我们。芝加哥大学心理学家约翰·卡西奥波说，"有时候你需要一个人的时间给自己充充电。你有能力与人联结，这多少意味着你有能力帮到别人；但如果总不停下来休息，谁也做不到。"

在世界文化的历史上，独处通常与灵性、创造性和力量相连。在哲学家周国平充满诗情的语言里，"独处是人生中的美好时刻和美好体验，虽则有些寂寞，寂寞中却又有一种充实。独处是灵魂生长的必要空间"。

我们害怕一个人待着，有一部分原因是"独处"这个东西没有用法指南。一个人的时候我们应该**做些**什么呢？周国平说：

在独处时，我们从别人和事务中抽身出来，回到了自身。这时候，我们独自面对自己和上帝，开始了与自己的心灵以及与宇宙中的神秘力量的对话。一切严格意义上的灵魂生活都是在独处时展开的。

只有在独处的时候，我们能够触及内里，发现最深处的思想之美。这就是为什么创造之花往往在独处中得以盛开。我最好的摄影作品、最好的文章，事实上我所有作品当中最好的那些，都是在独处的时候创作出来的。

而在这个人与人"超链接"的时代，即时信息可以轻而易举地剥夺人们独处的机会，社交媒体更是对我们一刻不停地进行着狂轰滥炸。而独处会给我们思考和创造所需要的宁静和空间，并让我们通过创造来发现自我。

什么是创造力

史蒂夫·乔布斯辞世的时候，一时间大量的消极言论涌现出来：现在的中国人缺乏创造力，所以中国永远不会出现自己的乔布斯。对此我有不同观点。虽说以应试和死记硬背为导向的文化的确压制了我们与生俱来的创造力，但我不同意说这一代已经不行了。创造力既然可以被丢掉，它就可以被找回来、重新培养起来；并且在我们年龄大一点儿的时候，创造力还有可能变得更强大，这是因为，作为成年人，我们已经更好地掌握了自己创造力的表达工具——不管是直接的还是象征性的。

有的人对于创造力的看法是非此即彼——一个人要么具备创造力，要么不具备；具备创造力的是一些"另类"人物，画家，音乐家，那位刚刚离开我们的、穿着黑色高领毛衣的 CEO——乔布斯。这种把创造力神化了的说法在我看来纯属无稽之谈。有创造力的人不是什么"另类"，一旦我们开始了创造，**我们**就是。或工作或游戏，我们的创造力都可以有所体现，比如设计软件、创立公司、制定一项市场策略；总之当我们以令自己满意的方式做任何这样的事情时，我们就是在创造。

跟着惰性走，让它带着我们——闭着眼睛，按照我们在学校里学来的、沿着别人期望我们走的路走着，这感觉要省事儿多了。我们中许多人无法从生活中得到想要的东西，因为我们不知道自己是谁、想要什么。

而我们每个人都有一个深埋的自我，必须让她找到出路。如何才能发现自己内心的声音呢？是通过创造新事物的行为，因为它会促使你跟自己进行一场内心的对话，聆听自己内心的声音。当你的创造源于内心，你就会听见这个声音，并全神贯注地去思考、感受、发现和梦想。

所以，每一次创造，我们都是在发现自己究竟是谁。如果你没有创造的途径，也就没有接近和发现自己内心声音的途径。这就是为什么说拥有一个创造的途径对于拥有自信、拥有快乐丰满的生活至关重要。而创造途径的缺失会导致冷淡、孤独、压力、抑郁。

如果我不曾找到任何创造的途径，那么这一假设的后果我想会很不幸——我猜我会是与现在完全不同的一个愁苦、失意的中年女人。

关于创造力，最伟大的研究者之一，匈牙利心理学家奇克森米哈侬[1]认为：

---

① 奇克森米哈侬的代表作《生命的心流》及《幸福的真义》已由中信出版社引进出版。——编者注

在人类的所有活动中，创造最能给我们以满足感——从生活中得到我们想要的东西，过上那种"开足马力的生活"。创造是我们生活意义的源头。大部分有趣的、重要的和人文的东西，都是创造的结果。把人和猿区分开来的——我们的语言、价值观、艺术表达、科学知识、技术等等，都是个体的创造被认可、奖励，并通过学习得到传播的结果。当我们发挥创造力的时候，会觉得生活无比充实。我们都希望从生活中得到满足感，而艺术家在画板上、科学家在实验室里进行创造时的兴奋，与理想的满足感状态最为接近；但这种情况少之又少。

我花了 30 年去研究有创造力的人如何生活和工作，为的是更好地解释他们创新的神秘过程。有创造力的人几乎能够适应任何环境、利用任何可利用的工具来达到他们的目的，这方面他们的表现非同凡响。如果要用一个词来概括他们区别于他人的特征，那就是：**复杂性** (complexity)。他们思考力和行动力兼备，而大部分人则与此无缘；他们会走完全相反的极端；与其说他们是"个体"，不如把他们叫做"复合体"。

创造的过程本身也创造了复杂性。它是一个扩展你眼界的绝佳途径，因为它促使你去开发自己所有的想法，并从你所有的经验中汲取养分。

创造需要承担风险

在我被任命为洛杉矶副市长之前，我一直在非常努力地打磨我的英文，所以就任后，撰写演讲稿就成了我最好的创造途径。我的演讲稿都是自己写的。作为一个政府官员，我可以直截了当："请支持我的大学财政资助计划"；我也可以用我的语言去鼓舞别人。在我的想象中，电视机前的年轻妈妈们已经被之前那些政客开的空头支票搞得什么都不信了，所以我会在我的演讲中突出简洁有力的词汇，描述栩栩如生的场景，使用颇具意味的停顿，来帮助她们看到在现实的种种障碍之外，她们的孩子的未来教育有着一份怎样的愿景。

卸任以后，我进入了猎头领域，写作活动严重缩水。我的客户大多是繁忙的总裁或人力资源总监，他们对于文采什么的可不感冒。每次我评估候选人，他们只想知道一件事："我录不录用这个人？"所以我的写作只消满足他们的需求就够了。

那些年里，生活像个飞速旋转的陀螺，一只美妙的陀螺。那些公司靠我作关键的决定，比如雇谁做 CEO；我赶场一样在城市间飞来飞去。生活很迷人，我挣钱也比之前任何时候都多；我结了婚，有了第一个孩子。

可是我感觉有点不对劲。在奋力发展我的事业、约会、结婚和组织家庭之间，我感到有些失去平衡了。在我的事业和生活中，我向着一个又一个目标奋力奔跑，我从来没有过时间——从来没有给过自己这样的时间——停下来，**想想什么**。

很快我就 40 岁了，在美国这就进入了"中年危机"的年龄段。在美国，这个岁数中年男人的套路是这样的：跟与自己生活多年的老婆离婚（他结婚太早啦!），去找个比自己小很多的年轻女孩，挎着胳膊满街招摇还不算，还要买辆保时捷拉着女孩子四处兜风。但对于人到中年的这种时髦玩法我没有任何兴趣——我刚刚嫁给了我的 Mr. Right，我不需要找个小男朋友；而且，我也已经有了自己拉风的跑车。

猎头是一个赚钱的行业——这真的没什么可抱怨的。可我特别怀念以前从事公共服务事业时，那种可以让世界更美好的感觉。我渴望帮助别人，帮助很多很多的人，在那些对他们来讲比较个人而且重要的问题上帮助他们。

我怎样做些更有意义的事情呢？

作为一个猎头，我常常看到我的客户公司聘用雄心勃勃的中国年轻人做初级的工作，但是有升职机会时却不考虑他们。我意识到这些年轻人是多么需要指导，而他们又是多么的缺乏这样的指导。于是，我决定开设一个关于职业发展的中英文双语博客，博客的主要内容，是你要想进入全球化公司高层所必须了解的规则。我给博客起名叫做 Global Rencai （全球化人才）。

开设这个博客后不久，北京一位神秘图书策划人汤曼莉找到了我；在沟通中她使用了一个不同寻常的单字叠名：汤汤。汤汤希望我写一本给中国女性的书。这听上去挺好玩的，不过我跟她说我可不想把我的男性读者朋友给丢掉。我们邮件往来了几次，谁也没有说服谁。她就消失了。

生活在继续。我的猎头工作一直很忙，我有了第二个宝贝，又是个女孩；这使我开始严肃地思考我的女儿们长大后要面对怎样的一个世界。而且，我发现了一个有趣的怪现象：我的博客的确有男性读者，但是真正热切的读者大都是女性；她们通过一些我闻所未闻的网络论坛把我的博客推向了全世界。没错，男性读者是不少，但是女性读者才是我的"粉丝"。尽管不是我的本意，但 Global Rencai 逐渐成为了一个女性博客。

汤汤再次现身。她仍然表示希望我写一本致中国女性的书。她很有信心，坚信这会是本了不得的书。我很佩服她的坚持。这次，我有些动摇了。为了试试效果如何，于是有了大家所熟知的那篇博文"30岁前别结婚"。这篇博文发出去后几小时内，我的服务器就因为访问量过大而瘫痪了。

于是我暂停了猎头工作，开始写我的书。我写得很快，电脑屏幕上字如泉涌。满篇的各种"做这个"，"做那个"。在我脑子里，这本书就是关于生活和男人的指导手册。

很快书就完成了一半。我觉得提前交工不成问题。我想，"终于可以轻松搞定这件事了！"我已经工作了20年啊，**那么辛苦**，这回可真有苦尽甘来的感觉。我可以做点儿这个，做点儿那个，写写东西，打打网球，四处旅游，还有我的巧克力棒棒糖。

不过我是高兴得太早了——等我把书稿发给汤汤，她一下子把我从美梦中唤醒："哎呀，这可不行，"她大呼小叫，"读者才不要看什么'该做不该做'，他们想看的是你的故事！要写你那些脆弱无助的时候！"

我感到脆弱无助的时候？

我一时感觉灵魂出窍。我在签合同的时候可没想到这个。毕竟，在美国的政界向来是适者生存，生存下来的人无不在**掩盖**自己脆弱的一面 。我用二十多年塑造了自己superwoman的形象，挑战着一个又一个高峰；我可不打算放弃这个形象。

女性读者真的想听我的故事？

第二轮博客试验开始了。我写了一篇博文，讲述了一段自己20多岁感到迷失和缺乏安全感的故事。发表后，博客访问量激增。这证明了两件事：第一，汤汤的确是吃这碗饭的；第二，我得重写。这完全是好莱坞的作风，制片人拿到剧本后若不满意，就一个词：REWRITE（重写）！

于是，我推倒重来。这次的写作过程与第一次完全不同。这次好像照镜子，我仔细审视了我之前在《瑞丽》、《嘉人》等时尚杂志发表的文章里面精心修饰过的"妆容"，把被掩饰过的那些"瑕疵"翻腾出来（哦对了，这些时尚杂志的化妆师和摄影师简直就是魔术师）。

这一次，我撇开了自己在杂志里的光辉形象，像考古一样挖掘自己内心最深处的想法和经历。每一天，我仔细地剔去沉渣，将思想的碎片一点点剥离出来，然后拿到光线下细细检查。对于其中那些可能有价值的碎片，我不厌其烦地把它们用文字记录下来，敲进电脑。

静静的书房里，时间悄然飞逝。写书这件事从最初的消遣变成了一个艰难的、激励人心、让人气恼，然而也是最有成就感的事情。

这比巧克力棒棒糖强多了！毕竟，我希望我的两个女儿长大后成为勇敢而且志向远大的女性，所以我最好给她们做个榜样。事实上，我离退休还早，而且——去他的——我还就是这么把自己的工作当回事儿！

如果你是个女人，要每天笔耕不辍

我发觉写作是一项非常特殊的创造途径。写作立竿见影也唾手可得。你不需要买什么特殊的设备也不需要特殊的训练，你能读就能写。

写作跟摄影还不一样；摄影时，你可以选择拍摄主体、构图、曝光速度、快门速度、光圈等等，而且暗房技术还有很多门道；不过那基本上是在跟图像打交道。而写作，是迫使我们把脑子里面的想法拎出来，转换成好懂的文字，落实在纸面上或屏幕上。有效的写作需要丰富的词汇量，我们的大脑需要处于不间断的头脑风暴之中，把所有可用的词汇都搅动起来，从而把脑子里的想法最恰当地表达出来。

关于写作，很奇特的一点是，在你坐下来动笔之前，你根本不必去想自己要写什么。我曾经听说这样一件事：一个人问他的教授对某个话题怎么看。教授回答说，"不知道。我还没有写到那个。"直到开始写这本书之前，我一直觉得这么说很怪。但我很快就意识到，写作是一个发现自己想法的非常有力的途径，因为思想是在写作的活动中创造出来的。

如果你对表达自己的愿望、应对面临的困境感到困难，那么写作会训练你如何把词句组织起来，达到你的目的。写作训练你将自己的信息组织好，并给了你无人打搅的、做这件事的空间。当你能够在写作的时候将语言组织起来，你就能够将它转化为有效的口头表达。

如果不加练习，那种能够清楚、简明、优雅地进行交际的能力就会退化。对于我们当中那些从来没有学过如何有效表达感情的人，写作尤其成为一种训练。它教会我们聆听自己的声音，告诉我们怎样表达自己才被理解。为了你内心的生活、你的社会生活和职业生活，想办法让自己的写作能力保持在最佳水平吧！

我刚开始写这本书的时候，曾经到一些作家的博客上去找窍门儿。我喜欢这一句："如果你是个作家，要每天笔耕不辍。"后来，我感觉通过写作我收获非常多，所以我想把它改成："如果你是个女人，要每天笔耕不辍。"即便每天只有那么十分钟也要写。这会给你一分期待，一个跟自己的约会。有时候你可能写了十分钟就停下来，有时候你会写上半个小时甚至一个小时。

写作等于给了你一个内置的"暂停键"，让你去处理那些已经发生了的事情，并准备作出反应。通过让那些词句从心中流淌出来，我们会发现那些在日常的生活中被压抑的思想。写作时间通常是我们唯一的思考生活问题的时间。**我为什么会在这样一条路上？这条路对我来说还是正确的吗？**写作是我们诚实面对自己的时候。

对我来说，写作是绝对要一个人做的事情。它给了我独处的空间，一个我自己的"房间"，哪怕是想象出来的；在这个房间里，我被允许独处。我看到过这样的信息：男性作者是从 20 岁开始写作，女性则是从 40 岁开始。我知道为什么。我们女人总是忙个不停，而坐下来安安静静地思考该是多么美妙的事情啊。

这么说，你可能会觉得我要讨论写日记。我认识很多女人视写日记为生活中重要的部分。但我发现，只要写出来的东西有创造性、发自内心，就给了我生活所需要的"暂停键"。是写作这一**活动本身**（而非形式）在呼唤着我内心的对话。

我们每次写作，内心的声音都变得更清晰、更专注也更强烈；过不了多久，我们的写作跟口头表达就会融为一体。而我们的表达得到加强后，在生活的其他层面也会有所体现。这样一来，写作就帮助我们发展了内心自然、有力和自信的声音。

心流助你发挥潜力

你可曾有过这样的经历：沉浸在某项工作里面，完全忘记了时间的存在？对我而言，这种经历发生在我上高中时在暗房里冲洗照片的时候，以及在我写这本书的过程中。这种现象叫做"心流"（flow），说起这一重要概念，就要再次提到它的创造者奇克森米哈依。他是个心理学家、人类学家、哲学家，还是个真正的"文艺复兴"人士。

奇克森米哈依和他的同事在超过万名对象中研究心流现象，研究对象的背景覆盖各种文化——包括婆罗洲织地毯的女工、欧洲冥想的修道士等等。这些人都说到同样的事情，就是当自己处于心流之中，感觉就像是被一股水流托着前进，毫不费力、自然而然。

他将心流描述为一种最理想的意识状态，人们会感觉"强大而敏锐，一切尽在掌握，如行云流水，处于能力的巅峰状态"。就是在这样的时刻，你将自己的能力发挥到最大限度，你做好充分准备学习新的东西，你对所做的事情更加得心应手，你将有新的创造或发现。

当你获得心流，你的忧虑全部消失，取而代之的是一种极乐的感觉。你的意识之门关闭了，你不再意识到自己；你忘记了自己作为实体的存在。你只知道去做，完全沉浸在你手头的那件事里面，你只是在顺应这个活动的自然逻辑做下去。

作为人类，要想快乐，我们必须充分伸展自己，发挥潜力。应当感觉到我们做的事情在挑战自己，在充分而正确地使用自己。获得心流的人们就是在挑战自己，是在创造他们最棒的工作。要想出类拔萃，你需要在生活中的某个地方获得心流。如果生活中没有什么活动能让你经常获得心流，就说明你还没有达到你能力的最高值。

为获得心流：

O你需要独处，工作不被打搅。

O你感到能力受到挑战，但仍可承受；也就是说，你干得不是太吃力，但其难度已经足够挑战你、促你学习和成长。

O你必须对正在做的事情有一些经验，这样在自我意识关闭之后你才能继续。

O你做的事情必须让你心理上感觉获得奖赏，你是发自内心地想去做它。

O 你对这件事情必须有自主权，能够以令自己满意的方式完成它。在这件事上，完全你说了算。

觉得耳熟么？那就对了。获得心流最好的方式是将自己沉浸在创造过程当中。我对于中国古代的哲学思想不是太了解，不过在我看来，我们讲的独处对应着"清静"，创造性心流类似"无为"。在独自一人的状态下，利用这段时间获得创造性心流，能够给我们的生活注入平和、清静，帮助我们集中精神，把生活中那些所谓需要优先考虑的事情全部抛在脑后。

轮到你了

你们中许多人做我的忠实读者已经有一段时间了，一开始是 Global Rencai 的读者，现在又是这本书的读者。但创造可不是一项围观的活动。

你或许觉得，那么多年你已经在社会的压力之下把自己遮盖起来，已经听不到自己的声音了。那么现在就是去除所有的噪音、追随我心的时候了。可能最开始，你内心的声音信号很微弱、很小声、很零乱、很摇摆，它并不响亮也并不坚定；但如果你静下心来，仔细聆听，跟着它走，这个声音将会越来越大。如果你还没找到创造性的途径，拿起笔来写写东西吧。

创造吧，创造美好，用你满意的方式每天去积累。创造是一种习惯。而当你真正创造出极好的东西时，那真是如狂欢一般的感觉！

随着你不断创造新的东西，创造性工作将让你精力更集中、更强大。你会发现创造之花盛开，新点子层出不穷，在大大小小的事情上你都能找到灵感。你还会发现在创造之外，你的想法也都能被互相关联起来。对了，有创造力的人需要更多的睡眠，所以你要保证每晚八小时的睡眠哦！

写作的乐趣之一就是你不需要等到一切都清晰无疑以后再进行表达。你的表达可以是大声的、公开的，也可以是微妙的、抽象的，只有你自己才能明白的暗号。当你感觉无助、茫然、孤独、无聊、枯燥或悲伤时，创造是最好的解药。

每次你创造了一些东西，都是在宣告自己是谁，宣告你的感受，宣告你的想法是重要的。你创造的主权行为，是你作为一个人的主权宣告。

Do not
marry
before
age 30

第 6 章　　真实对待自己

这个世界不是因为你能做什么，而是你应该做什么。

——马云

中国女性感到生活有烦恼的可不只是二十几岁和三十几岁的人。年龄大一点儿的女性面对的问题通常更糟糕。我总能听到这样的话：

"这么多年我一直努力让丈夫开心，但我现在感觉到他在搞一些'小动作'。一想到他跟别的女人在一起我就觉得恶心。我觉得生活在慢慢漂离。"

"我觉得困在了一种从未想过的生活中。生活就是围着我的老板、丈夫和孩子转，我却已经忘了自己是谁。"

不过度付出的女人，世上有吗？

StuffWhitePeopleLike.com 这个搞怪的博客曾将"亚洲女性"包括在"白人喜欢的东西"内，理由是"亚洲女性没有白人女性的典型特点，比如中年危机、离婚、有很要把孩子丢给别人才能去享受的爱好"。

这多让人痛心——白人的中年危机和离婚固然不值得推崇，但数千年来，我们中国女人早已习惯了为身边的人奉献自我，现在，尽管我们渴望更多，但要让自己摆脱那种顺从奴仆的心态，却并不容易。

如今我们总希望自己什么都做得来：俏丽佳人，孝顺女儿，可人妻子，天使妈妈。一点儿也不奇怪，为了不负这些期望，我们中很多人失去了自己。

我们每一个人从小就被教导要去超越别人而不是关注自己，就这样走到了现在。实际上，许多人习惯了不去谈论**我们**想要什么，因为我们已经不知道自己是谁和自己想要什么了。

一方面，我们想着"做一个好女人意味着要去关注别人的需要"；而另一方面，我们觉得"我真想得到，我也值得拥有一个珍惜**我**、关心**我**的男人"。这种矛盾的心理让我们时刻处于一种紧张和压力之中：只有当我们认识到自己值得爱，才会获得我们需要的爱。

我认识一个女人，她如磁石一般吸引着男人，可偏偏都是**不对**的男人——她的男友们、老板们，都不拿她当回事。她那种"要做好女人"的行为方式损害了她的自信，更降低了她与男人建立真正关系的能力。或许你也认识这样的人，或许你**就是**这样的人。

你周围是些什么样的人，这事得你自己负责，因为被你所吸引的人往往是能够强化你自我感觉的人。为别人付出是件美好的事，但是将自己的身份过度包裹在"好女人"的角色之内又是另外一码事。后者会导致我们慢慢地不再关注自己的需求。

当我们将生活建立在过度消耗自己、为了他人牺牲自我需要的基础上，我们的生活将不可避免地充满疲惫、挫折和失败感。如果为了维持"完美护理员"的形象而让自己总是处于这样一种不自然的状态中，我们将付出高昂的代价，因为过度疲劳是自我虐待的一种形式。这实在是让人非常沮丧的一件事情——那么多女人生活破碎，只是因为她们一生都致力于成为这个社会一直要把我们训练成为的：好女人。

为了顺应他人和被人拿去作比较，我们面临很多的压力，所以我们不再奢望生活充满欢乐。为什么不期望生活快乐呢？为什么不向往好男人的爱情呢？格洛丽亚·斯泰纳姆的书《六七十岁的那些事》（*Doing Sixty and Seventy*）中的话让我颇受震动：

> 我尚未遇到一个能够完全摆脱衍生方式而生活的女人，也就是说，一个更多依靠自我意识而不是他人意识而生活的人。当我们拒绝再为家庭的幸福负过多责任的时候，我们仍会对工作负过多的责任；当我们不再把自尊移植到丈夫或者孩子身上，我们仍然过于依赖被需要的感觉——被同事和老板需要，被情人和朋友需要，甚至被那些恰恰要将我们从这一切当中解放出来的（政治）活动所需要。

当我第一次看到这段话的时候，我非常惊讶：天啊！连我们的女权主义先锋们都在为过度付出而挣扎！每当回想过去，我发现每次当我感到失落或挣扎，都是我把自我放在一边、去满足别人期望的时候——期望可以来自父母、男友和自己服务的公司。

日常生活中，有些时候我们不得不把他人的需求放在自己的需求之上。比如很多个夜晚，我累得恨不能马上瘫倒在床上，但却不得不撑着眼皮，给我的孩子喂奶。但是，我们当中很多人**一向**觉得对别人的要求说"不"很难，甚至在那些要求不合理的情况下也是如此。如果有人要求的事情是在我们能力范围内的，我们的第一反应是："没问题，我来吧。"

当我们有了积极的自我认可，认可我们也值得拥有对自我的关心，才有可能得到我们渴求的那种平衡。我们需要跟生活中的人划定一些界限。不要让自己的生活只是一种单纯的对他人的需求做出反应，我们可以对他们的感受表示理解，让他们知道虽然我们珍惜与他们的关系，但无法满足他们的每一个需求；不过我们希望自己力所能及的帮助对他们有用。

我们每个人都可以从**像对待别人一样对待自己**开始，关心自己。这个要求高吗？

对很多人来说，要我们放弃梦想的压力并非来自母亲，而是来自婆婆。很多婆婆要求我们舍弃自我，把生命献给照顾她们的儿子和孙子的事业当中。而在这一点上我觉得自己特别幸运，因为在我跟 Dave 结婚的时候，他的父母不只把我当做一个儿媳来接纳，更是把我当做了一个女人。Dave 的妈妈伦尼本身就完美结合了教师、社团领袖和母亲的多重角色，并且一直在如何处理好各种角色的关系方面给我提供建议。

你或许会觉得，我是在充分享受了精彩的职业生涯之后才有的孩子，所以我对女人的过度疲惫病有了免疫能力。可是，两次生产之后，我都因过度劳累而精神恍惚。而将我从这状态中唤醒的正是伦尼。有一天她看到我疲惫不堪、面容憔悴，就劝我要挤出一些属于自己的时间。她赶我去打网球。最初是 Dave 带我开始打网球，而现在我打网球已经很有规律。网球让我感觉自己健康而又强壮，我非常喜欢这种美妙的感觉。如今打网球成了我的 me-time。

学会说"不"

一个坚强的女人是一个知道如何说"不"的女人。《纽约客》杂志有一幅卡通画很棒。一个男人在办公室里，看着日历，对着话筒说："不，周四不行，周四订出去了。NEVER（永不）怎么样，NEVER行吗?"我认识很多强女人，但我好像不认识哪个女人能够说"不"说得如此断然；这是因为，说"不"违背了我们做女人一直被教导着做的事情：说"是"。

我们需要说"不"的第一件事就是生活中任何形式的虐待。过度劳累就是自我虐待的一种形式，所以我们要对过度劳累说"不"。

对他人对我们的虐待，也要坚决地说"不"。在我写下这些文字的时候，关于疯狂英语创始人李阳和他妻子Kim Lee的离婚案件又一次引起了关于家庭暴力的公众讨论，以及家庭暴力是不是跟中国文化有关联性的争议。

据《人民日报》报道，中国有35%的家庭发生过家暴事件，这个数字跟世界上其他国家的情况差不多。但这个数字只是统计了身体上的虐待，并没有包括情感上的虐待，而情感虐待是比身体虐待更严重、也更隐蔽的问题。

当我们不能定义一件事情的时候，就没办法对症下药。而在"虐待"这个问题上，最困难的部分就是如何定义"虐待"。这也是为什么我很欣赏《纽约时报》畅销书作者、心理学家特伦斯·里尔在他《婚姻新规则》（*The New Rules of Marriage*）一书中对"虐待"的定义：

O 呼来喝去，大吼大叫；

O 恶言相向：任何一句这样开头的话"你这个……"；

O 羞辱和挖苦：说别人是坏人或没用的人；嘲弄、讥笑、讽刺、敷衍或居高临下；

O 对一个成年人指手画脚，告诉他/她该做什么、怎么想才是对的；

O 信誓旦旦，但从不履行承诺；

0 说谎或操控：故意歪曲信息，或惺惺作态，试图操控同伴。比如："别担心我。我淋着雨也没关系。你好好玩。"

里尔博士解释说，有这样一个虐待行为清单是很有用的，如果某一特定行为没有出现在这个清单上，它就不是虐待。男人和女人都可能成为施虐者，所以在你所有的人际关系中都要提防虐待。

虐待之所以不易辨别，是因为大多数的施虐者并不像电影中的坏人那么邪恶。施虐者本身也是人，就是说他们也会表现出善意和慷慨，而且他们通常不知道自己在虐待别人。在他们脑子里，自己才是受害者，被误解、被攻击，自己的施虐行为只不过是对刺激的一种反应。一个要对各种人际关系负责任的成年人必须能够控制情绪，而许多施虐者显然连最基本的情绪控制能力都不具备。

可是，施虐者意识不到他们的施虐行为并不会丝毫减弱他们行为的危险性，尤其他们施虐的对象还往往是身边想要爱护他们的人。而当我们忽视或掩饰虐待的时候，虐待不会消失，只会加剧。如果有孩子在场，施虐行为就会对下一代产生更加恶劣的影响，因为那些目睹着虐待行为长大的孩子，将来也会成为施虐或受虐者。

虐待绝没有任何理由成为你生活的一部分。这个世界有很多的好男人和好女人，他们不会施暴也不会容忍虐待。不要和虐待你的人恋爱或结婚。如果你的伴侣对你实施虐待，请立刻为你和家人寻求帮助。你能够也必须要求自己拥有一个健康的家庭。

同时，因为我们不希望这个社会虐待横行，也不要去容忍发生在我们的姐妹、兄弟、朋友或同事身上的虐待行为。我们要抛开传统的被动角色，阻止虐待在中国社会代代相传，就要为自己和所爱的人向虐待说"不"。

与此同时，我们也在创造文化，它将建立在尊严和相互尊重的基础上。如果我们挽起手臂，对虐待说"不"，那么在一代人成长起来的过程中，再也不会有人说虐待是中国文化中正常的一部分。

如何真实对待自己

我有幸能够在我的朋友中列举出很多强大的女人。她们是这个样子的：

o 坚强，乐观，自信；

o 无论身兼几职——职业女性、母亲等等——都能轻松搞定，而且仍能有时间跟朋友在一起；

o 对于自己在生活中作出的选择安之若素。她们觉得一切按部就班，而且对于自己的未来充满激情；

o 每天都在成长、学习。她们持续不断地自我再发现。

o 具有强大的向心力，吸引着各个方向的人们。她们广受欢迎，影响力十足。这给她们带来更多的美好以及生活中更多的机会。

她们之间的共同之处不是哪一种特点，而是一种实践。她们每一位都是从对自己最真实的那个立场出发来面对生活。对于当今的女性，给自己一份"真实对待自己"的许可，是生活中最重要的功课，也是最难的功课。毕竟，我们无论如何也不会想让人指责自私!

可事实是,当我们持续处于过度付出和过度压力状态、希望随时帮助别人,到头来谁都帮不好。真实对待自己非常困难的原因在于:作为女人,我们被教导要真实对待所有人,**除了**我们自己!

对于一个在我们身上放置了诸多期待,却无视我们是谁、我们需要什么的世界,我们如何才能学会真实对待自己呢?要想搞清楚这一点,请先安静下来,摒去杂音,来倾听我们内心的声音。

1. *辨认出生命中那些让你心灵欢歌的时刻*。回想一下去年你心灵欢畅的时刻。那个时刻让你感到强大、一切尽在掌握,你快乐而忘情地投入到所做的事情,以至于忘记了时间的飞逝,获得心流。你当时在做什么?在哪里?和什么人在一起?再次想象你在那个时刻的状态,越具体生动越好。当你想到这个的时候,你会感觉自己在改变。你放松了,呼吸平缓了,你甚至会对着自己微笑。这是一种帮助你确定自己天然的力量和激情的操练。

2. *下决心在生活中创造更多这样的时刻*。在你扮演女儿、女友、职业女性、妻子、母亲这些角色时,哪些因素能给你带来欢乐?开始制造更多这样的时刻吧。重新安排你的生活和工作,专注于做更多快乐的事情。给这些事情以优先权,而将其他活动从你的活动清单中移除。

在 20 世纪 70 年代,随着工业化国家的经济增速放缓,很多公司意识到它们不能什么都做。它们需要作出选择,也需要考虑作选择的方式。公司战略也指导着公司管理。而哈佛大学商学院的克拉克·吉尔伯和约瑟夫·鲍尔两位教授发现，对于公司来说，光有战略是不够的；公司计划做的和实际做的事往往大相径庭。问题存在于公司运营中资源的实际配置上。

例如有这样一个失败的案例：一家美国报纸公司向互联网转型的调整速度没有跟上。几年前，公司董事会和 CEO 决定将重点从报纸出版转向互联网，但是，在操作层面，一个广告销售代表打着这样的算盘："我向老主顾卖报纸广告收入40000 美元；而我费尽周折找到新主顾，卖给他们互联网网页广告才 2000 美元。"于是每天上班后他仍按照老样子，将自己的时间和精力投入到向老主顾推销报纸广告中。

而这个销售代表和他几千名同事加到一起，是每天数以百万计的资源配置决定，这阻碍了公司向互联网转型的战略执行。结果就是，这个公司的经营状况一落千丈，如今已陷入经济困境。

在生活里，我面对的是跟这个公司一样的问题。一堆需要优先考虑的事情在抢夺着我的资源。我在努力建造一个更好的世界，有一份壮丽的事业，做一名好妻子，抚养优秀的孩子，通过新思想和经历学习和成长，照顾我的朋友，保持健康好身材，等等。可我的时间和精力是有限的。可以说我有一些优先事务，但其中任何一件事情是否成功，取决于我分配给它资源的多少。

对我来说，过了 40 岁意味着生命不再像从前那样看起来没有尽头。我回想那些错误地配置了自己资源的时候，比如，在男朋友身上花费了过多的时间和精力；那些人如今对我已不再重要，而那些时间是无法挽回的。

在年轻些的时候，我总想着生活在别处，我在努力朝它飞奔。如今我认识到，未来就是现在，我最珍贵的资源是时间，于是我开始仔细斟酌如何去配置它。如果我浏览着报纸或看电视，不知不觉中度过了一小时，那一小时就再也找不回来了。我不再像以前那般疲于奔命，因为我的生命已经不是全都在我前头。

你或许觉得，人到中年是件可悲的事情，但对我来说却是一种解放。成熟的最美之处在于获得了真正的视角。我决心将精力集中于对我来说最重要的人和事，只有这样做才能真实对待自己。

为回答如何真实对待自己这个问题，我觉得 MBA 课程中"资源配置"的概念特别好。愉悦的感觉来自于明白对自己来说要在意的是什么，并让生活折射出自己在意的那些东西。

别人的确会质疑我做出的选择。他们的动机有时是自私的——他们觉得我的选择对他们的生活来说不是最好的；还有些时候，他们觉得我的选择对我自己的生活来说也不正确。但是，我发现为了做出些成就，一定得愿意让一些人失望才行。

也许是因为我在生活中比较高调，人们总是对我的时间提出要求。他们为达到自己的一些目标需要寻求帮助，于是我的名字就从他们脑子里蹦了出来。如果要为每一个来找我寻求个人职业建议的人提供个人化的免费咨询，我别的什么都不做的话这也会是两份全职的工作。而我的博客就是我在可以拥有自己正常的工作和生活之余帮助他们的方式。

而有些人是永不满足的——无论你给他们多少，他们总会要求更多。通常，提出最多不合理要求的是那些在个人生活中最为迷失的人们。如果你总是想着去满足别人那些不合理的要求，那么他们就会越要越多。对他们说"不"，他们反而会学着尊重你。我们得教别人怎么对待我们。

别人会更爱你

当我们在生活中进行了有效的资源配置，会有下面的事情发生：

0 时间多了，因为我们专注于更少的事情，而且可以把它们做好；

0 生活更有目的，因为我们关注于特定的事情，而不是去取悦每一个人；

0 生活感觉更平衡，因为生活的每一个领域可以给我们力量，而不是将我们的力量耗尽；

0 能够为别人做得更多，因为在确定自己的需要之后，我们也在获得帮助别人所需要的力量。

不要纠结于那些深奥的问题，比如"我是谁"。相反，要为那些对你来说最重要的事情调配资源。

大胆行动吧。知道你需要做什么是一码事，付诸行动又是另外一码事。学习追随自己的心，你会被推动着做一些大大小小的改变，比如跟老板沟通，调整你的职责；再如斩断那些束缚你手脚的关系。

有效地配置资源是一种习惯。看似矛盾的是，成为一个更自我中心的女人，别人反而会更爱我们。当我们真实面对自己，会吸引别人，无论男女，他们都愿意接近真实的我们。

如今我更清楚地看到，按照别人的期望去过自己的生活实在是一种专制。大胆摒弃社会的那些规则，让自我仿佛重新显露，就像一只蝴蝶破茧而出。真实做自己，简单快活，没有歉意也无须解释。

真实面对自己的你，对于好男人——那种想要得到真正伴侣的、配得上你、让你骄傲的男人来说，是真正性感尤物。Dave 刚 40 出头的时候，就像任何一个英俊的、40 出头的男人一样，忙着跟一堆年轻漂亮的女孩约会。后来我们认识了。按他的话说，他很快就"把那些马子清除出局"。

然后就只剩下他和我了。

因为当你是一个成熟、性感、拥有了一切的女人，你已经具备了去"捕获"优质男人的能力，而那些美丽的洋娃娃们却门儿都没有。

30岁前
别结婚

Do not
marry
before
age
30

第7章　　探求你生命中无尽的可能

成长得最快的是那些在每一个新岗位上都能充满好奇、像海绵一样不断吸取和不断学习的人。这就是所谓的 intellectual curiosity，对不懂的东西好奇，想掌握它。

——张欣

如果你正单身，千万不要不把单身的时光当回事儿。单身阶段非常重要。它正是你发现心声、追寻梦想的好时候，而你做这些的方式跟你有伴侣的时候完全不一样。

如果你觉得以后会有更多的时间和精力去关注自己，快把这个念头扔掉吧。从今往后，生活对你只会越来越苛求。或许不久你就要肩负起新的、长期的责任，你的生活会从此围着它转。

所以，不妨用这几年的时间四处闯一闯，探求生命中那些无尽的可能性吧。

享受转瞬即逝的自由时光

这是你生命中唯一一段可以自私一点、自我一点的时光，所以千万不要总是闷在家里，盼着早点儿把自己嫁出去。你离开父母的家之后、进入一个新的家庭之前，是一段多么珍贵的时光！

现在你应该走出家门去做任何自己想做的事情。晚饭吃点儿什么？该不该换工作？要不要换个约会对象？买不买那双贵得离谱的鞋子？——诸如此类的事情，以后你很难一个人说了算。单身的这些年，将是你唯一一段可以完全一个人去尝试、去施展拳脚、去生活、去爱、去笑的时光。

单身应该是你生命中最好的几年——而且一定是最好玩、最多姿多彩、成长最快、学得最多的几年。不要不自信,根据自己拥有的信息作决定就是了。在这个阶段,所有的门都还没对你关闭,未来的所有可能性都对你敞开,那么就去迎接门后面的未知世界吧。

自由是对你单身状态的最佳奖赏。哲学家告诉我们,自由是在精神上获得成长的先决条件。所以,好好利用这段特别的时光,来想想自己是谁、要什么和如何与众不同——展开你的羽翼,朝着自我发现的方向飞翔吧。

当你还单身、也没有订婚的时候,要专注于你的事业。不要让你的事业只是被这样一些因素牵着鼻子走:你过去所学的专业、来自同龄人的压力、你父母朋友的孩子们怎样成功的,也不要因为等着结婚或做母亲而放松了自己的事业。在选择工作的时候一定要跟自己的心走,或只专注于那些跟你最喜欢的事情相关的工作。

我缓缓起步的第一份事业

刚到洛杉矶的那几年,我一直觊觎的公司是 Maguire Thomas Partners,在当时它是全美最具创新精神、资金最充裕、最富冒险精神,总之最酷的房地产开发公司。

Maguire 以在西海岸建造了最高的写字楼而闻名。建造这样的写字楼,背后的竞争有多么惨烈都用不着我来渲染——那雄浑阳刚的大楼形象本身就说明了一切。这家公司里面工作着的可谓都是"飞机中的战斗机"。我太想跟他们一起工作了。可我当时什么都不是,Maguire 也不招实习生,而且那个年代也没有互联网,对它我简直是近身无门。还有一个小问题:我如此向往的这个行业是个很男性的行业,但实际上我对男人几乎一无所知。这方面我得抓紧学习。

起初我真是一筹莫展。后来,通过调查,我发现 Maguire 有两个高级合伙人是南加州大学建筑行业协会（USC Architectural Guild）董事会的董事，而这个协会是南加州大学建筑学院的慈善募捐机构。这倒可以作为我接近公司的"后门"。我虽然没钱去参加他们华丽丽的募捐活动，但我可以用做志愿者的方式"捐"出我的时间。于是每周我都挤出十个小时来做这项工作。那时候没有电子邮件什么的，所以每次活动都需要大量的手工工作，比如装信封、贴邮票、摆椅子等等。我什么都做，而且全都不要报酬。我的幕后工作保证了那些活动光彩夺目、完美无瑕，在那些重要客人面前给董事会的 VIP 们挣足了面子。

当然，那些 VIP 们不是傻瓜。几个月后，在协会的活动预告中，我的身份已经是正式的"委员会成员"了。就这样，做了两年的志愿工作后，我被正式任命为这个慈善机构的董事会成员。人们很吃惊，寻思着："如此声名显赫的慈善机构，一个年纪轻轻的华裔女孩子竟然进了它的董事会？她一定很有钱！"

那个时候，我已经赢得了董事会里面两个 Maguire 公司高管的信任，所以我能够很自然地向他们打听公司有什么事我可以帮忙。

就这样，我获得了自己第一份梦寐以求的工作——公司里的一个项目助理。对于许多人来说，这份工作或许看起来并不理想——我是公司里唯一一个不做秘书的女员工，而我的工资连女秘书的一半都不到。但是我真的欣喜若狂。

回头看看，如果要给做开发商的自己打分的话，我会给个 A-。这不大好解释，因为我那时工作很努力，并且挣钱也挺多。我那时挣的钱在全美国同龄的女性当中都属最高的极少数。如今我明白了房地产并不怎么适合我，可当时我还认识不到这个，原因很简单：我只懂这一行。于是我陷在其中不能自拔。

看到这儿，或许有人会觉得我这 10 年又是伺候人，又把两个硕士学位白白浪费在一个后来再也不做的房地产业上，可我一点儿都不觉得那是在浪费光阴。这是因为，我那数千个小时并不只是花在了设计人行道宽度、规划现金流上面，对我后来的发展最有价值的是我在那些年发展的一些软技能：

O 通过自闯天下而收获的自信；

O 了解强者如何相互沟通；

O 如何从不同的资源中吸收和消化各种知识，形成系统、有序的看问题的方式，这些知识包括结构工程学、建筑设计、金融、政治等等；

O 如何不被眼前的困难击倒（这相当难搞，比如一块毫无价值的土地），并能大胆放眼未来、专注长远；

O 如何发展一个理念，并把它推销出去；

O 如何建立自己的个人品牌，让那些相关的、令人激动的人士被你吸引，想和你一起做事；

O 如何建立与他人真正的关系。

所有这些技能都对我的个人成长起到至关重要的作用，而且成为我在 31 岁时被任命为洛杉矶副市长的关键因素。这一切也都要归因于我一直对自己的道路充满激情、活力，能够全身心浸润于各种学习。事后看来，我在二十几岁的收获非同小可，只是并非按照我原本的设计罢了。

我在市政府工作的后期，经常半夜躺在床上，琢磨自己政治生涯结束之后做什么。我当时还是一门心思地想着房地产开发。可是——去哪家公司，做什么职位呢？

在四年任期即将届满的时候，我悄悄联系了一名猎头，他服务于海德思哲
(Heidrick & Struggles)，一家面向全球精英的猎头公司。我约他共进早餐。

我：时间差不多了。我准备回到房地产业。

猎头：你现在的职位相当高，而你卸任的时候年纪也还不大。人们都盯着你
呢。你可得保证自己的下一步只许成功不许失败。

我：咱俩不正说这个事儿呢么？

猎头：是啊……你可得保证，下一步职业道路的选择必须能让你取得真正的
成功。

呃……这个对话开始让我感觉心里没底了。

我：我做开发商不是挺好的么？我的两个硕士学位也都是这个领域的呀。

猎头：Joy，你是个好开发商。但是说实话，即便是在洛杉矶这个地界，也有比
你强的开发商。我是你的朋友，我希望你成功。你应当专注于你真正的强项。

**天啊！我仿佛看到我的一生在眼前一闪而过。我才 35 岁。难道我的事业已经
到了顶峰了？难道我的事业、生活，从此就要踏上漫漫下坡路了？**

我：我还以为我真正的强项就是房地产开发呢。

猎头：我看到你的强项在于与人沟通。你可以跟总裁们交谈，也可以跟无家可

归的人聊上几句。你很宽厚，你能够本能地感知到人们需要什么，而且还总能找到办法，把他们所需要的给他们。你能把各种想法很有创意地联系起来。这些你比谁做得都好。

　　我：可这些跟我的职业有什么关系呢？难道你觉得我该去做销售？

　　猎头：非也。销售是一对多的行为，而你的能力更个人化一些，是一对一的。我觉得你应该认真考虑一下精英猎头这一行。我想介绍你来我们公司。

　　经过八个月与这家公司的接触，也权衡了一些其他的机会之后，我加入了海德思哲。

你的 A⁺ 技能是什么？

　　当我回过头去看，这个猎头朋友所指出的那些 A⁺ 技能正是促使我在市政领导和猎头行业成功的关键技能。在做房地产开发的时候，媒体根本没有兴趣采访我。目前为止，我在这个世界上留下的所有痕迹，都来自于房地产之后的职业。

　　在做开发商的时候，工作就是工作，玩乐就是玩乐；而如今我如此快乐，正是因为现在的工作恰是自我的一种延伸；并且，工作虽然有挑战，它同时也是我表达自己的形式。如今工作和玩乐之间的界限模糊了。

　　你的 A⁺ 技能是什么呢？是什么事情让你觉得，你在做它的时候，能够自然而然地获得心流，感觉就像是为自己在世的人生而欢歌一样？

　　我很幸运，有这么个猎头朋友精确地总结了我的 A⁺ 技能。在他总结我的时候，我的第一反应是被搞糊涂了。"是啊，"我想，"我的确喜欢派对、帮助有意思的人们建立联系，可那不是**工作**啊！"我无法相信，"与人接触"、"沟通想法"竟然能被当做是"技能"。我觉得"技能"应该指的是诸如拉丁文、金融学等那些需要花时间而且还不一定学得好的东西。

生为中国人，我们很熟悉努力学习、肯吃苦的观念，所以我们顺理成章地认为**工作就该**是辛苦的。工作起来如果感觉很容易、很自然，那就有违我们的直觉了。

我是这么看的：没错，工作应该是辛苦的。为获得心流，我们必须挑战自己能力最外围的极限。但是我们应当围绕着最自然的 A+ 技能去选择工作的**类型**。

想知道这些年来我认识的那些超级成功人士又是怎样的吗？他们可不是超人。如果像我们当猎头一样坐下来评估这些人，你会发现他们不是在所有的领域都拥有 A+ 技能，而只是在自己选择的那个职业领域所需要的关键技能方面具有 A+ 的表现。

为了从职业中获得满足感，你需要善用你的长处，**并且**赋予生活以意义。以色列教师泰·本·沙哈写道，在大学毕业的时候他的哲学教授对他说过这样的话："人生苦短。选择道路的时候，先要确认你能够做好的事情有哪些。从这些事情当中，选择你想做的。然后，继续缩小你的选择范围，找到你很想做的事情。最后，再从中选择你最最想做的——就做这个。"

我在做猎头的时候，常常惊讶于每一个人都是那么的特别、独一无二。两名候选人的简历可以不分伯仲，但我跟他们面对面的时候，对两个人的感觉可以完全不同。我们带到这个世界上来的技能各不相同，所以每个人的生活所需的意义、发现意义的方式也各不相同。

不到 40 岁，不要过分忧虑你的事业

你的事业不会在两年内成就，而是要经过接下来的半个世纪。在这段时间里，你会有好工作、坏工作；好老板、坏老板。你的强项将在你对它的日积月累中逐渐显现。

不要为一下子找不到理想的工作而烦恼。允许自己四处闯闯。比起你在职业当中作的任何选择来说，更重要的是如何在你**当前**的工作中坚持每天学习、进步。

想在 20 几岁就找到一份理想的工作是很不现实的，因为我们在校园里很难学到走向成功所必需的技能和经验。因此，不要指望在 20 几岁找到完全让自己满意的工作，更不要指望一夜之间就能变成百万富翁。你应该做好准备，花上几年时间去做那些重要人物不愿意做的、看起来像是打杂的工作。

你要将每一份工作都看做是在一个新的地方、跟一些不同的人学习的机会。有时候，从那些经营较差的公司、糟糕的老板身上，你能够学到的东西要比从好的工作环境中学到的还要多。利用这段时间去听、去观察，去操练自己的战略性思维，以及与周围的人好好配合。如果你能够有意识地每天学习，你一定会不断进步。

顺便告诉你们，如果你有一个很好的工作，那么你接触好男人的机会是现成

的。很多女人在面对每一次职业改变的时候会思前想后，但在确定恋爱关系方面却颇为草率。对于你们中的大多数人而言，实际上在20几岁唯一可能会犯的比较严重、让你的一生从此改变的错误是婚姻的决定。所以，不要纠结于你的职业选择了，去想想那个更严重的问题吧。

我很理解那种在太多选择中挣扎的感觉。在这一点上，我得到的最好的建议来自洛杉矶前市长理查德·赖尔登。他是靠自身奋斗成功的亿万富翁，一个睿智男人；他曾经多次成功地突破自我。他对我说："放宽心！不到40岁不要过分忧虑你的事业！"

起初，赖尔登市长的话让我很不理解。我觉得40已经**老了**，可能都太老了，怎么可能去发现一个人真正的事业。如今，作为一名已经跨过四十门槛的猎头，我意识到他的话的确意味深长。

靳羽西、洪晃、比尔·盖茨、奥普拉，这些一直都很成功的人，在40岁之前都是一直在充分伸展自己。到40岁的时候，他们已经习惯了边前进边继续重新塑造自己。他们变得如此灵活、成熟而强大，无论世界如何变化，他们始终在浪尖弄潮。他们持续改变世界。

我们生活在21世纪初这个混乱无序的时代，我们一生都会面对大量的选择。这就意味着，在你生命的整个历程中，你不光会有多个工作，还会有多种职业，就像我一样。即便你在某一职业领域中干上一辈子，那个职业十年之后的光景跟现在相比也会有翻天覆地的变化。

这就是说，我们都必须不停地再塑自己，一次又一次，终此一生。加拿大冰球运动员韦恩·格雷茨基，尽管从身高、力量、速度等方面来看都很平凡，但却凭借他对这项运动的理解成为了有史以来最好的冰球球员。他非常著名的一句话是：
"一个好的冰球手，冰球在哪里他就在哪里；一个伟大的冰球手，冰球要到哪里他就
在哪里。"

每一天，每一年，看看世界如何变化，关注自我成长，让自己在新的世界中尽
情绽放。因为在"发现"自己职业的过程中，你真正做的事情是在"创造"一个更
坚强、更聪慧、更明智、更成熟、更好的自己。

从我的经历来看，创造自我的过程可以在睿智长者的指导下，大大加速。羽
西、莫琳，还有 Maguire Thomas Partners 的人，以他们自己为标杆，给了我非常
重要的影响。从他们的建议中我直接受益，跟他们一起的时光也让我学到很多。

你的导师其实并不一定需要多么独特或有权力，只要你能从他们身上学到东西
就够了——事实上，三人行必有我师。那么怎样找到一位导师呢？ 我想到了一位好
友乔尔·库尔兹曼的话。乔尔是位世界顶级的商业战略家，《哈佛商业评论》的前
任主编。他曾说，每一位成功人士都得益于他们的导师，而把一个人变成自己导师
的最佳途径，是让自己成为导师不可或缺的助手。

这也是我接近自己各个导师的方式。当你发现有一个人，你很希望他或她成为
自己的导师，不能直接去问"您能做我导师吗"，而要以一个能够为导师做些什么的
人的身份去接近对方。想想导师的目标，想想他或她需要什么，而所需要的这些事
情你又能够完成得很好，然后免费为他们做。

同时，你也可以从那些遥不可及的成功人士身上学到东西。互联网是一个神奇
的资源库，而我刚起步的时候它还不存在。网络上那些杰出的人士实际上是千千万
万普通人的虚拟导师。你可曾从别人的博客或者微博里面看到什么让你突然有所顿

悟的东西？而这些点滴的互动累积起来，效果绝不亚于你得到导师几个小时的当面指教。

我每天都要在网上花些时间，从那些改变世界的思想家和慈善家们身上不断学习。这样一来，我就有了许多素未谋面的网络导师。

"对自己手下留情"（*Go easy on yourself*），这是来自16世纪罗马天主教圣徒弗朗西斯·德赛尔的一封信。五个世纪之后，它讲述的真理毫不褪色：

亲爱的：

对所有的事情都要耐心，但最主要的是要对自己耐心。不要总想着自己的缺点而感到泄气，你要随时、不断地去修正这些缺点——让每一天的自己都是新的。无论你的任务是什么，每一天都要像第一次面对它时那样开始。不要跟自己说，"我已经做了那么多年，今天可以休息一天。"不可以！每一天都要是新的。每一天都是你的第一天。

还有，记住，要有耐心。你会失败的——而且不止一次。但要有耐心。

你真诚的，

圣·弗朗西斯·德赛尔

好好做些让你感觉有激情的事吧。通过努力工作你才能发现激情所在，培养对自己更好的理解、爱和尊重。在工作领域做一个竞争者，你会发现取得成就是一件多么美妙的事情。没有什么比在你认为重要的工作上有所成就更有意思的事情了。

要敢于梦想。你既不普通又不平庸，所以不要总奔着普通或者平庸的生活使劲。你要努力成为比你认为的自己更好的人，比别人告诉你能成为的那个人更好的人；让你的每一天都像是一次探险。

不要让任何事情阻碍你的梦想。探究自己灵魂的最深处，快乐、优雅地面对生活的挑战。追逐自己的梦想，不要让任何人质疑你的选择。抛开重力的羁绊，一飞冲天！

然后，冲下面的人抛个媚眼儿，微微一笑，晃晕他们。

Do not
marry
before age 30

第 8 章　　角度的力量

想象力比知识更重要。

——阿尔伯特·爱因斯坦

在我费尽力气学习英语的那些年里，我表现最好的时候也从来都不够好。我总是在错误的时间说错误的话，或者话说对了但时间还是不对。那些时候，我就茫茫然呆站在那里，一遍又一遍地想："天啊，我怎么说这么傻的话！我真是个白痴！"接下来好几天，我脑子里都在回放那个场景，反反复复，没完没了。

无论向什么地方看，我都能发现比我好的人。"看那个人伶牙俐齿的。我怎么就不行呢？""这姑娘真是个理财能手，我怎么才能赶上人家呢？"一件事情无论我做得再好，心里面总是有个小小的声音从鸡蛋里面挑出骨头。如果有一百个人表扬我的工作，而只有三个人批评我，我仍然只会关注那几个批评。我不愧是自己最坏的敌人。

心理学家称这种现象为"反刍思维"（ruminating），并认为女人比男人更容易形成这种思维习惯。我相信这一点。当我们看到那些肮脏无耻、令人咂舌的性丑闻和经济丑闻时，那些干坏事的主角极少会是女人。为什么？首先，极少有女人那么厚颜无耻。我们时刻都在自我校正，绝不会让自己和家人蒙羞。

这当然是件好事。但同时，我们需要避免矫枉过正，否则会因为那些别人看都不看、想都不想的小错误把自己折磨得要死。

让我们别再做自己最坏的敌人，做自己最好的朋友吧。这就是说，要好好对待自己，为我们的成长、为我们一路上和每一天取得的每一个小小胜利而欢呼庆贺。

竞争：金钱和权力

在我成长的 20 世纪 80 年代，美国正处于所谓的"贪婪的二十年"（Decade of Greed，20 世纪 80 和 90 年代）。当时美国经济飞速发展，消费者欲望膨胀，人人追求"成年人玩具"——汽车、游艇、LV 手袋等等；各种徽章和 T 恤上面追捧的是这样的口号："死时坐拥最多玩具的，是赢家"。

那时的我，是一个观察力敏锐但内心缺乏自我认知的年轻学子，所以我也开始渴求那些权力和成功的外在标签。一段时间内，我对自己的感觉是建立在与别人——那些**极其成功**的人——相比较的基础上。

比方说，比尔·盖茨。我大学毕业的时候，比尔·盖茨已经从大学退学，建立了微软，成了亿万富翁。他跟我之间甚至还有过那么一点点联系——他的妻子梅琳达从杜克大学毕业那年我刚好入学。每次读到关于盖茨的消息，我心里就一阵阵起急。跟他们相比，我都不知道到哪里去挣自己的第一个一百万。

然后是我在加州大学洛杉矶分校商学院的一位同学。她一毕业就去了硅谷，把她的车库租给了几个年轻人。就是在那个车库里，他们创立了一个搜索引擎公司，并把它命名为 Google。作为公司草创时期的元老，她成为公司最早一批决策者之一。

那时的我尚未找到自己的发展路线，所以总会拿自己跟身边的这些杰出人物做比较。每当我读到关于他们的新闻，我都会问自己："为什么这个人走在了我前面？她现在是什么头衔？"然后就是："我现在走的路是正确的吗？我有没有哪儿做得不对？"

报纸还把这些成功人士的年龄赫然印在他们的名字旁边，简直像是专门为刺激我一样；特别是当有人跟我年龄相仿、甚至比我还小的时候，我更是头晕目眩："我到底是哪儿做错了呢？"

可是所有那些刺激有没有给我带来一丁点儿的好处？竞争到底会不会激发我们更出色的表现？

在《不要竞争》（*No Contest: The Case Against Competition*）一书中，心理学家阿尔菲·科恩回顾了大量的研究结果，并得出结论："一边倒的证据一致而明确地证明了这样一个事实"，那就是"出色的表现非但不需要竞争，甚至可以说需要没有竞争"。他认为，实际上竞争机制正是通过将人的自我价值保持在低水平、并促使胜出者不断追求更多的成功而得以永久自保。"我们通过竞争克服对自我能力的根本怀疑，从而最终让我们弱弱的自信得到一些补偿。"

换句话说，如果我们通过竞争这种"透镜"来看待人生，最终只会觉得自己渺小。这一观点在政治学家赞德拉·凯顿《卸任后的生存》（*Surviving Power*）一书中得到了戏剧化的体现。这本书讲述了很多政治家卸任后的生活：有些人"活"了下来，有些人却沉入抑郁的漩涡无法自拔。

权力的光环**真的会**让人感觉好极了。做了副市长之后，我开始把自己当成个正儿八经的VIP，我总想着："我走进房间时，**要有**五万名市府公务员站着行注目礼；我说的每一句话都很有意义，所以我走到哪儿电视台记者就跟到哪儿。"

但是当我的任期届满、洛杉矶新市长上任后，突然间所有的闪光灯都转向了他们。这迫使我对着镜子审视自己："如果我不是洛杉矶副市长，我又是谁呢？"我感到无所适从。我追逐外部的奖赏太久，真正的自己已经走失了。

　　我那时才 35 岁，人生的路还长。这个时候我需要认清自己，丢掉公众眼中的那个形象而去建立一个独一无二的自己。也是从那时起——卸任**之后**，我才开始积聚来自内心的真正力量。

　　那些"坐拥最多玩具而死的人"，跟其他人一样，两手空空地离世。这让人挺困惑的。毕竟，我们从上学开始，就被训练成只会通过高高低低的排名来看待周围的人。作为学生，我们的"工作"就是要冲到那个排名的最前头。一旦离开学校进入真实的社会，那张巨大的排名表就消失了。

　　当我们透过高度竞争的棱镜来看待和折射自己的生活时，其实只是在贬低自己。这世界上总有人比我们更成功，也总有人不如我们。而这一切跟我们的生活完全没有关系——别人不是我们的标准。你的人生不同于我的人生，我们的人生也不同于其他任何人的人生。

　　作为人类，我们互相之间的关系是彼此联结而不是互相排列。所以，让我们为共同拥有的人性而欢呼吧。事实上，我们拥有的共同点远远超过不同之处。明白了这一点，我们会与周围的人更有效地联系在一起。

境由心生

　　人们常问我，为什么我总是这么快乐、充满活力。我回答说，因为我的生活中没有什么压力。他们会说："怎么可能？每个人都有压力！"

　　没错，我过去是有压力的。二十几岁时，我是那种最努力、最有野心也最没耐心的人。一个硕士学位不够，我想要俩；两个一起读还不算，我同时还要工作。那时的我还是个完美主义者，这就意味着我每时每刻都在给自己压力。我的"工作第一"的态度把快乐这档子事儿给推后了——等我再勤奋工作 N 年，或许等到我退休的时候，再用"快乐"来奖励自己吧。

后来我开始意识到，生活中的压力百分之百来自于我们这样一种愿望，就是整个宇宙能奇迹般地掉过来围着我们转。

可那不是这个宇宙运行的方式，没有人有**那么**大的能量。人太难以捉摸了，我们永远无法控制每一个人和每一件事情的发生。

我们唯一可以改变的人是我们自己。如果你曾经试过自我改变，你应该知道那有多难！所以，试想一下，改变别人该是件多么不可能的事情吧。

还有，我的人生到目前为止，已经经历了太多这样的事情：它们起初看起来非常糟糕、但时间一长就变得不那么糟，甚至还给我带来了好事。比如，在我小时候，作为一个在美国白人环境中孤独成长的中国小女孩，我痛恨自己那个局外人的身份；而如今我认识到，我那局外人的视角给我带来了多么深远的益处。而每一次恋爱中的分手，也都教会了我一些关于自己和感情的道理。那些在我 20 几岁和 30 几岁时，让我伤心流泪的事情，现在我已经想不起来了。

我的整个人生就是一部"塞翁失马史"。明白这些之后，我终于能够放下许多曾经噬咬着自己的困惑、愤怒和嫉妒。

这个宇宙不是为了让我们快乐而造的。从一个层面上说，明白了这一点会让我们觉得难过，但在更深的层面上，我们应该觉得解脱。我们希望别人怎样和他们实际表现怎样，这两者之间会有很大的不同，如果我们总是为此闷闷不乐，那就相当于把自己主动安放在了充满焦虑和挫败的生活中。

我的生活中，迄今为止我接触和结识了成千上万的人。他们每一个人都教会了我一些新的东西，帮助我形成了自己看待世界的方式。他们让我知道：控制我们生活的不是事实，而是故事。

"事实"指的是不能被否定而可以被任何人客观证明的事情，而"故事"是我们为了给周围的事实赋予意义而制造出来的东西。我们对所有的事情感觉如何——我们的薪水、婚姻状况、生活愿景——都不是基于普遍的事实，而是基于我们看待它们的方式。通过看待这个世界的方式，我们打造了掌控自己生活的故事。

每个人看待现实的"镜头"互不相同，甚至是相反的，这造成了人的复杂性。人是非理性的，但是通过认识那些我们作为情感动物所拥有的共有点，我们学会了如何相处。

在还是孩子的时候，我们的"镜头"继承自父母。成长的过程就是学习选"镜头"的过程。事实上，作为成年人，我们所拥有的最重要的能力是去选择和不断更换我们看待现实的"镜头"。

这个"换镜头"看世界的比喻对我而言尤其贴切。直到不久前，我都是个高度近视者，几乎可以划到"盲人"堆儿里。我小时候是透过厚厚的玻璃镜片看世界，后来才换了特殊的隐形眼镜。那时，每天早上醒来，我都要摸索着起床、摸到卫生间，去给自己安上一双"眼睛"。

五年前，我做了激光视力矫正手术，那让我的视力一下子就变正常了。现在每天早上醒来，我会翻个身，看看表，为奇迹般拥有了清晰的视力心情大好。

而岁月则在矫正我看待生活的"视力"。

孩子们的童话总是有个皆大欢喜的快乐结局——"从此他们幸福地生活在一起"。这给人的印象是，当周遭的一切完美地进入正轨，快乐就**顺理成章**。可生活不是那样的，是不是？

我非常喜欢英国 17 世纪作家约翰·弥尔顿《失乐园》中的这一对句：

境由心生，心之所向，
可以让天堂成为地狱，也可以把地狱变成天堂。

生活完全无法预测。当我们对自己所拥有的生活负责时，就不会让别人来左右我们的喜怒哀乐。我们不再是生活中其他人或事的受害者。当事情没有按照我们的计划运行时，我们也不会趔趄着跌倒。生活再也不是一些偶然事件。

艰难地一步一步走下来，我们会获得适应生活的能力。如果我们知道如何更好地利用环境，哪怕是过程中有很多挫折，我们仍会变得快乐坚强。明白了这些，我们无论环境如何都会很快乐。因为不快乐也是一种自己生产的镜头，所以我们也可以制造新的镜头，让它带给我们平静、快乐和成功。

我们能够掌控自己看待这个世界的方式。我们可以停止继续做环境的受害者，当事情没有按照我们的意愿进行时，停止哀叹，转而思考如何就此对生活做出（积极的）反应。我们可以通过积极选择镜头、不断重新对焦来掌控这一切。

如此，我们就能为自己创造出完美的关系和生活。真正的力量不在于去控制那些发生在我们身上的事情，而在于如何利用这些事情。在这种力量之中，蕴含着生活之美。

快乐之人受偏爱

通常，我们总去关注那些自己没有的东西："上帝啊，只要有了这些我就会快乐——得到那个升职，找到我的 Mr. Right……得到一辆 7 系的宝马车……"忽视我们所拥有的、把精力单单浪费在我们所没有的东西上，是一个恶性循环。我们需要操练感恩这门功课。

奥普拉是美国最有影响力和最富有的女人之一。她对美国文化和社会都有着深刻的影响。奥普拉这个名字已经太响亮，人们提到她时甚至不再需要加上姓氏。奥普拉成功的秘诀是什么？用她自己的话说："要从今天开始让你的生活有所改变，最好、最简单的做法是感恩你现在所拥有的一切。你越是感恩，你得到的就越多。"

感恩，就是去接受生活所给予你的那许多。它独立于外部环境存在。比如你有个傲慢自大、不讲道德的老板——要知道，你的快乐是掌握在自己手里的。这更有理由让你明白，不能让这样的人控制了你的生活和幸福。

感恩是一种存在的方式，也是一种看待生活的方式，更是一种关注他人、与他人相联系的方式。在每天数百次的选择中，让感恩而不是抱怨和刻薄占上风。

要把感恩作为每天必修的功课，就像运动员为了比赛而必须每天进行训练一样；而作为一项训练，需要付出努力，有时也会感到困难。你可以用不同的方式来操练自己感恩这门功课。奥普拉有一本"感恩日记"。每天晚上，她会回忆当天五件让她感激的事情。

你要对自己的快乐负责。持续不断地培养感恩所带来的快乐，结果会是惊人的：成功在你生活中成倍增长。快乐的态度会让很多美好的事情发生在你身上，而且如磁石一般，吸引着人们来到你身边。

事实上，快乐是有魔力的。研究表明，最快乐的人比不快乐的人可以多活九年。这个影响是巨大的——要知道吸烟只会让你少活三年，拼命吸烟也就让你少活六年。

随着你年龄的增长，这也更容易做到。年长者比年轻人更快乐。在对五万名美国人的研究中，北卡罗莱纳大学的华裔教授杨扬发现，变老让人快乐，因为随着年龄的增加，出现了一些具有积极意义的性格特征，比如自信和内敛。而作为成熟的副产品，这让人感觉更好了。

这个世界喜欢快乐的人。我们高兴的时候很爱笑，这种快乐的光辉是有感染力的。我们的快乐如同磁石，它让别人更愿意跟我们在一起，跟我们建立关系，并且愿意帮助我们。

漂亮的丑女

洛杉矶这个地方非常适合人们在此看美女，它以世界美人之都著称。每年，很多美丽的年轻女孩儿从美国乡村涌入洛杉矶，做着她们的电影明星梦。到处都能看到 "actors/models/whatevers" ——演员、模特、让干什么都行的人。她们坐在露天咖啡馆里，梦想着能被好莱坞的下一个大牌导演发现。

我那些单身的男性朋友们搬来洛杉矶的时候，头几个月里他们都会感觉如坠仙境，眼花缭乱，不由自主地追随着满街就像是从画里走出来的美女，眼珠子恨不得都要掉出来。于是他们急不可耐地开始在洛杉矶的街道上、杂货店里、咖啡馆里四处猎奇。

通常呢，要过好几个月他们才会恢复常态。而我也不急着把他们介绍给我的单身女性朋友，只等着他们先尝尝跟演员约会的滋味。无一例外，最后他们都会说："再也不跟女演员约会了。她们脑子不正常。"其实我很理解那些女演员。当你身处那样一个行业，你的全部未来都命悬一线，就是要看你跟这世界眼中理想的美女形象是否相符，那么你的脑子很难不被它搞糊。

只有老于世故的法国人才造得出这样一个抽象、微妙而完全不符合逻辑的概念：Jolie Laide，用来形容一类特别的美女。这个词组由一个俚语名词 jolie 加一个形容词 laide 构成，直接翻译的话，是 pretty-ugly，即"漂亮的丑女"；不过我们可以这么理解：她们有种"奇怪的美"。它可以这么用：

他在人群中寻猎，目光越过众多金发女郎，立刻就被一位 jolie laide 所吸引：她的鼻子有点儿大，眼睛很媚气，懒洋洋的举止间流露出一股优雅从容的味道。

Jolie laide 包含了这样一种概念：一个女人长得有点怪没关系，这会让她美得非常独特；也就是说，一个女人的长相即便不符合常规，也可以很耐看。

我非常喜欢这个概念，jolie laide。这不是那种浅薄、乡俗的、《花花公子》兔女郎的美；也不是那种讲究严格对称的美，就像我的整形科朋友在晚宴上总会指着这种美女说："看见没？我可以帮你整成那样！"我才不要——随着年龄增长，我发现自己越来越喜欢 jolie laide 这一概念所蕴含的美：一种更有意思、更耐人寻味的美。

说到这里，一些女权主义姐妹们可能要叹气了，觉得我这是把女人放置在了

"男性凝视对象"的被动地位。可是作为人类，爱美是我们的天性，而且我也相信，美本身蕴藏着力量。我钟爱 jolie laide 是因为这个概念让所有的女性都能够获得这种力量。

事实上，我根本不觉得 jolie laide 处于被动地位，相反，我认为它是美的一种主动形式；因为 jolie laide 的美不是产生于手术刀或昂贵的美容注射针，而是来自女性的灵魂。

就拿我来说吧。我从来不是个传统意义上的美女。我两颊有可笑的酒窝，我脸上的各种线条不是太分明就是太不分明，并且随着年岁增长，越发显得棱角突出。

Jolie laide 给了我们这些人希望。它给了我们一种民主的思考方式：一个女人，或许长相有点儿怪，但却可以**因为她觉得自己漂亮**而漂亮。她爱自己，而这种爱通过她展示自己、表达自己的方式而熠熠生辉。别人或许不会先被她的外表所吸引，但却会由于她的**自我定位**而为之倾倒。

要想成为一个 jolie laide，需要同时具备两点：jolie，漂亮；laide，丑。丑说的是外表，漂亮说的是内心。

谁不是 jolie laide? 林赛·罗韩。她因行窃、毒品和酗酒等问题而在监狱几进几出；她太符合传统意义上的美，而且太迷失也太张扬。林赛外表不丑、内心却不美，不符合这个法语概念的要求。一个 jolie laide 是不会让自己在公众面前丢丑的。

还有谁不是 jolie laide? 张曼玉。我个人很喜欢和欣赏张曼玉。她的美不由分说，不论内在还是外表，都是那么明朗、空灵而脱俗。张曼玉不是 jolie laide，因为她的长相跟丑根本不搭边。同样的原因，范冰冰也不是 jolie laide，她不具备丑的元素。

那谁是 jolie laide? 我想到的有：

○莎拉·杰西卡·帕克。人们总拿她那一张"马脸"说事儿，不过这张脸因为**长在她身上**而独具魅力；不仅仅是脸，她整个人都拥有独特的魅力。我还在怀念《欲望都市》这部电视剧，不过看到她如今频繁出现在杂志和时尚活动中感觉也不错。在生活中总能看到她的身影，这让我很开心。

○克莉斯汀·史考特·汤玛斯。她也有一张可爱的动物脸，是一张"鸭子脸"。她是那么才华横溢、聪慧狡黠而又从容优雅。19 岁从英国移居法国的她，吸收了英国和法国文化的精华——她真是太棒了！

○玛丽安·歌迪雅。来自巴黎的玛丽安·歌迪雅拥有一双迷离热辣的眼睛，她可跟世俗的美貌一点儿都不沾边；所以我想她在好莱坞的起步阶段一定挺难的。她将艺术、时尚、电影、音乐以及环保工作如此天然地集于一身，而她代言迪奥时简直太帅了！

○舒淇和莫文蔚。生活在洛杉矶的我并不是很了解中国的明星，但是舒淇和莫文蔚是我看来特别经典的两位 jolie laide。舒淇常被诟病眼距过宽，而莫文蔚有一张长脸，但她们都如此清新而富有才华，美丽于是也被她们重新诠释了。我希望她们穿越太平洋，走国际化路线，因为我真的很期待看到她们更多的作品。

这些女性都显示了杰出的创造才华，以及她们各自独具的美丽。她们非但没有被世俗的标准所淹没，而且还超越并重新定义了这些标准，成为一代人心目中美的化身。

Jolie laide 散发出成熟的优雅气质，以及她独有的小调皮。她是独立的、浑然天成的。她有一种"我就是我"的独特气质，让这世界无法抗拒。

"可是男人喜欢这样的 jolie laide 吗？" 我在 Global Rencai 博客上写了关于 jolie laide 的博文后，一位读者这样问我。

这个世上有很多平凡、普通的男人，他们喜欢简单、肤浅的年轻女孩，但你对这样的男人感兴趣吗？你要的是与众不同的男人，他最懂得欣赏与众不同的你。要吸引这样的男人，你必须向内心寻找答案，然后让你独特的美，自内而外散发出来。

Do not
marry
before age 30

第 9 章　　　该不该跟老板上床？

得体的礼仪关乎对人对己的尊重。它并无成本，却可助你获得一切。

——靳羽西

Dave 是个牌桌高手。牌桌上有句老话："如果你在牌桌上看不出来谁是笨瓜，那你就是笨瓜。"

在办公室政治当中也是如此。如果你讨厌办公室政治，那恰恰说明你需要了解一些游戏规则了。帮自己个忙，把杜拉拉的故事都找来读读吧。

杜拉拉获得提升，因为她具有很强的同理心。她对自己、对别人的感受都极其在意，这种悟性助她成功穿越了每一个公司都存在的办公室政治雷区。用她自己的话说就是：

老板问问题，有时是考察，有时是想借此机会显摆，要分清。

哪些事情得报告，哪些事情不要去烦大区经理，遇事该和哪个部门的人沟通，都得门儿清。

要和老板建立一致性。认真研究老板主要控制的方面，找出规律：

※ 哪些事要请示并且一定要按老板意思做（前提是对自己无害）——便不多嘴，坚决执行；

※ 哪些事是老板不关心的小事——要自己处理好不去烦老板；

※ 哪些事是老板要牢牢抓在手里，但是你可以提供自己的建议——则积极提供善意信息供老板参考。

执行力要出色，老板一发话，你马上就能办到，不打折扣，不用催促，保质保量按时交货，谁做你的老板不爽啊！

杜拉拉很清楚，老板不是父母，照顾自己不是老板的工作，他的重点在**他自己**的事业上。而照顾**老板**却是她的工作。明白这一点并照此执行，她将一往无前。

我们都希望职业获得成功。那么，如果学会照顾老板也是成功的一部分，你可能想问：我对老板要照顾到什么程度？一直照顾到……跟他上床？

职场捷径是跟老板上床？

我想起 1990 年的一部美国偶像片 《漂亮女人》 （*Pretty Woman*）。片中，茱莉亚·罗伯茨饰演洛杉矶一个善良可爱的妓女，她被来洛杉矶公干一个礼拜的富商（理查·基尔饰演）所雇。他们住在四季酒店的豪华套房里，他还在著名的罗迪欧大道为她买漂亮衣服。最后富商成了她的男朋友，还出钱助她脱离那个行业、去上学。

这部影片是美国流行文化的代表影片之一，也是一出典型的美国梦，它传递着这样的信息：任何人靠着机灵、勤奋和一点儿运气，都能够取得成功——外加跟能改变你命运的老板上床。

不过，走出好莱坞电影世界，跟老板上床就不是可取的职场策略了。"睡上去策略"，是我博客的一位读者的说法，理论上听起来似乎不赖，但在实际中它更有可能是你职业生涯的终结者，而不会是帮手。

人人都喜欢八卦，而人们最喜欢八卦的事情就是谁跟谁有一腿。一旦同事们开始注意到你和老板之间的暧昧眼神，或是你俩之间有什么小爱称之类，你的个人形象跟你的才干和贡献就再也没有关系了——在别人眼里你成了一个无能的人，需要靠出卖色相往上爬。

嫉妒你的同事会想尽办法破坏你的名誉，即便是你应得的晋升也只会证明你使用了不当手段。而这种恶名会跟你很多年，每当人们提起你的名字，就会说："那个谁啊，不就是那个靠跟老板上床混上去的人么。"

如果你跟老板的关系发展得不错也就罢了，而如果你们闹翻了，你想从他那儿得到好的工作安排、出头露脸的机会和真正的关照，一切都将非常困难，而这些对事业成功至关重要。

如果你和你的老板决定认真发展你们的关系，我建议你们一起去向公司申请，给你们其中的一个调换部门。你一定要在他提出要给你新的工作安排或其他工作待遇之前提出换岗。这不光对你的事业重要，它还保证你跟他之间能够保持平等的关系。底线是：

第一条：不要和你的老板发生性关系。

第二条：如果你违反了第一条，你要么停止跟老板的性关系，要么结束你们上下级的关系。

可以跟同事上床吗？

如果你有一份很好的工作，你就有机会遇见很多好男人。你应该审慎对待自己的私生活，你的约会对象最好是那些你在工作圈子里遇到、但又不跟你在同一家公司工作的男人，比如你在行业鸡尾酒会上遇见的，或者公出旅行途中认识的人。

可要是你的 Mr. Right 果真就坐在你旁边的格子间里怎么办？毕竟同事是和你在一起时间最多的人，而且男男女女共处一室、每天连续好几个小时，"出事儿"也很正常——只不过有的时候只是场"意外"，也有的时候是真正的恋情。

如果你发现办公室里的什么人让你动了心，而他既不是你的老板也不是下属，那么你要记住这一原则：将感情和工作分开。

不要脑子里总想着他，不要监视他，更不要总盯着他那里看。忙你自己的工作，不要总找借口经过他的座位；如果是出于工作需要跟他接触，也要很职业。如果他到你座位上来找你，只跟他说上几分钟，然后告诉他："好了，回去工作吧。"如果他在 QQ 上跟你说话，你只可以偶尔回复，但都不要马上回复。

遵守公司的沟通规则。如果他有秘书，那就通过他的秘书来安排跟工作有关的会议或电话。不要在公司邮件里写任何私人的内容。不要在别人能够看到的地方给他留小纸条，甚至也不要在只有他能看到的地方留小纸条。只有非工作时间、非工作场合你才可以这么做。

不要跟其他同事讨论你们之间的关系，也告诉他不要讲。不要在办公桌上摆你们的照片，或者任何跟你俩有关的东西。不要在任何跟工作有关的人面前拥抱、亲吻、牵手。

所有这些"不要"都有助于保证你的职业和你们的关系健康发展。要让你们的关系自然展现，而不是在每个人的注视下倍感压力。

老板对你性骚扰怎么办？

是的，有时候男人对你的关注方式让人讨厌。2010年山木培训的总裁宋山木因强暴自己的员工而被捕，马上就有读者问我如何对付性骚扰。

我的第一反应是："不，我不想谈这个。"因为作为一名猎头，我的客户——公司CEO和人力资源总监们对性骚扰这个话题非常敏感。涉足这么一个话题有得罪客户的风险，显然不是个明智之举。

但是后来我还是做了一些调查，发现性骚扰现象在中国职场中非常普遍。我又想到二十年前我也亲身遭遇过性骚扰。于是我想，在我自己的职业发展中有幸积累到目前的影响力，如果我不挺身而出、公开讨论一下这个话题，又有谁会呢？

之后，我又开始纠结该写什么。最终，我匆匆写了一篇博文，提出了一种绝对谈不上完美的解决方案；我在一个假期的周末把它发了出去，想着或许它会悄无声息地躲开读者的注意力。

可是后来，中国国际广播电台Beyond Beijing栏目中专访节目Today的主持人许钦铎、中央电视台新闻频道Crossover节目的主持人季小军却相继决定用整期节目来做有关性骚扰的讨论，并问我是否愿意去做嘉宾。

我并不想在中国给自己树立一个"性骚扰专家"的形象，但是连这么有分量的主流媒体都愿意把这样一个话题引入公众讨论，这让我很受鼓舞。所以我同意做节目。感兴趣的读者可以去我的博客（www.globalrencai.com）点击媒体的链接来收听和收看这两个节目。

这两个节目播出后，我收到了很多反馈，其中曾经或者正在经历性骚扰的朋友们的感谢让我尤为感动。

在中国国际广播电台的节目里，女性权益律师张伟伟分享了中国首例性骚扰受害人胜诉的案件，受害人获得法院判决她上司赔偿她的 3000 元人民币，但却丢掉了工作。

对此，我的心情很复杂。一方面，我相信对张律师和其他为维护女性权益而不辞辛苦的律师们，我们都心存巨大的感激，他们在引领这个社会前进。

而在另一方面，这个案件对于勇敢站出来的受害人来说，却称不上是胜利。她获得的赔偿微不足道，根本无法弥补她职业生涯的损失，更谈不上对其他潜在的性骚扰者有任何警示作用。我认为这件事带给我们的思考是，我们应当加倍努力，与虐待女性的行为抗争；而如果它真的发生，我们也要学会保护自己。

我曾经被一个老板骚扰过。那时我刚工作不久，骚扰我的是那个公司的 CEO。他只要看到我一个人在工作，就会从后面靠过来，在我的耳朵和脖子上又亲又舔。我还清楚记得每当上班时自己那种紧张和无助的感觉。我当时知道的唯一办法是赶快换一份工作，离开那个公司。我也是这么做的。所幸骚扰没有演变成暴力，不过现在想起来我还会浑身起鸡皮疙瘩。

如今，对于性骚扰，会有一些政策规约，但事实又是另外一回事。对于性骚扰，公司的 CEO 和人力资源主管们的政策规约是："如果你被骚扰，要向公司的 HR 部门报告。"

而实际上，报告自己被性骚扰通常会对受害人更不利。而这一点上，外企不见得比中国公司做得好。在北京，一位知名的管理顾问跟国内和国外的公司都有合作，他这样认为：

如果一名女员工去人事部门反映情况，公司往往会保护她的上司而冷落她。很有可能，这个女员工的职业生涯要遭殃了。而且，一旦一名女员工把这样的事情公之于众，其他雇主们也不会想雇她了，因为她会被视为一名捣乱分子。

这个分析真的够淡定的。由于话题敏感，我的朋友希望我不要写出他的名字和他所在的公司。

很不幸，性骚扰通常只是何时发生，而不是有没有发生的问题。根据中国官方媒体 2005 年的报道，只有 21% 的女性说自己从来没有遭到过性骚扰。北京众泽妇女法律咨询服务中心的创始人和总裁郭建梅这样说道：

职场性骚扰情况的确很普遍而且严重。目前中国的立法还很不完善，只原则性地提出"禁止性骚扰"，但缺乏具体操作办法，所以这里仍然是个空白。女性遇到这样的情况一定要注意保护自己，比如严正拒绝、注意保留证据，如录音、信件、信息、证人证言等，这样便于在以后的处理中有据可查。

如果你被性骚扰，而人事部又有一个说了算、信得过的主管，我建议你私下把性骚扰事件报告给这个主管。但实际情况往往是你找不到这么个人。所以，我建议你将精力集中在找到一个终止骚扰、又不伤及事业的办法上。以下来自 Penelope Trunk 的职业博客里 "不要报告性骚扰" 的博文。我很难说我完全赞同：

O 和骚扰你的人开诚布公地谈一下，清楚具体地指出来他的哪些行为让你不舒服，告诉他你不想把这事报到人事部门。他也不想这样，因为他再怎么自以为是，也不会想跟你一起被口水淹死。

O 摆明你的谈判地位，条件定高些。让他把你调到一个更好的位置，换一个主管，或者帮你找到一份更好的新工作。

O 如果形势对你不利，你没有谈判的筹码，那就重新找一份工作，然后离开这个公司——一定按照这个顺序做，因为骑驴找马总是容易的。

O 就算这会让你离职，也要采取措施保护自己：把性骚扰报告给人事部门或公司主管，甚至警察。

孤立无援地独自承担发生在你身上的事，这显然是不公平的。从一名猎头的角度，我最不愿意给出的建议就是容忍虐待，这对建立伟大而可持续发展的企业是有百害无一利的。但我们生活的这个世界还没有发展到我们可以相信雇主们面对性骚扰问题能够主持公道，也无法让我们相信面对性骚扰的诸多中国女性可以得到法律的保护。

所以，尽管这么说我很难过，但事实是，如果你被性骚扰，很有可能最好的处理办法是像我许多年前那样，安静地离开公司。

在美国，职场性骚扰现象大幅下降的最重要原因是，当性骚扰发生，公司要负连带责任，而且在过去二十年中，有几起轰动的案件因涉及公司高层、赔偿数额巨大，这促使公司进行内部整改。但在中国，当受害者报告性骚扰之后，只有骚扰者本人要对其行为负责。对于宋山木被判入狱服刑，我感到很欣慰，我希望中国政府下一步要让公司对主管的性骚扰行为负连带责任。

我相信 "胡萝卜加大棒政策" 能够促使公司自动自发地防止性骚扰的发生。"大棒政策"，即法律诉讼，当然很重要，可就长远来看，我相信，在市场上取得卓越成就的公司将会是那些能够招募且留住优秀人才的公司，而那些最优秀的人才是不会选择在有虐待行为的环境里工作的。

这个世界上有很多事情可做，你完全没必要待在一个有人骚扰你的公司。这个世界上有很多职场人士看重自己是否拥有一个尊重女性的工作环境。找到这样的人，和他们一起工作。然后在工作中积聚力量，共同打造一个你喜欢的工作环境。如果我们致力于创造健康的职场文化，就能建立并引领未来伟大的企业。

Do not
marry
before age 30

第10章   好男人都跑哪儿去了?

女人也好、男人也罢，其实核心词都是人。

——王利芬

我 20 几岁的时候四处约会，不过总体来说感情生活不算如意。18 岁的男孩子崇拜我，50 岁的老男孩更崇拜我；而跟我年龄相仿的男人却好像还没完全长成——其实我也一样。

我和女友们常常在酒会上一起剖析我们认识的男人们，然后感慨："**好**男人都跑哪儿去了？"电视剧《宋飞正传》（*Seinfeld*）里古怪又可爱的伊莱恩的话让我们颇有同感："我不是同性恋。我讨厌男人，可我不是同性恋。"

当今男人们的问题

中国男人可真有福气，是不是——他们小的时候有妈妈照顾，长大了又有老婆照顾；在家不用操心做家务、看孩子，而在公司又占据大部分的领导岗位。

可男人拥有的这些权力，可以说都来自于一种"浮士德的交换"。在古老的德国传说中，浮士德是一名成功的学者，但由于对生活不满，他与魔鬼米菲斯特做了交易，以自己的灵魂来换取无穷无尽的知识和俗世间所有的欢娱。

男人的力量建于流沙之上。社会评判男人的依据是：事业成功、能养家。男人的价值是按照他拥有的资产的多少来评估，而那并不是他自己能够完全掌控的事情。《纽约客》里有一幅卡通画，画的是酒吧里两个衣着光鲜的中年男人，一个对另一个说："金钱就是生活的成绩单。"这个社会不光是反女性的，它也是反男性的。

如果你不是通过竞争才感觉得到自己的价值，或者你即便是输了也不会被摧垮，那竞争本身也无可厚非。可在我们的社会当中，如果一个男人没钱，他就没有价值；对男人来说，谁赚钱多谁就是赢家。如果一个男人不是个优胜者，那他就只能是个失败者；而且失败的代价远远超过他面前的比赛——他只能出局。

男性电影和视频游戏里面，充斥着这样的信息：强者就是要很暴力、很伤人。"男子汉"就要像（《终结者》里面的）阿诺德·施瓦辛格那样，惜字如金——"I'll be back."

做男人意味着冷漠、无情、全副武装。一个男人如果是单身汉，这非但没什么好担心的，甚至还挺性感。如果一个男人很疼老婆，他的男子汉气概就要受到质疑了，所以人们才会总拿上海男人娘娘腔、会做饭来说事儿。

做男人就意味着强大、独立，要在华丽的孤独中施行统治；男人从小被教导不可以依赖别人，甚至不能受他人影响——而在任何关系当中，人们免不了会受他人影响。很多男人在情感上变得离群，难以结交朋友。而所有这一切，对他们自己和想去爱他们的人来说，都造成巨大的个人损失。

可是人类对于孤独的忍耐能力是有限的。美国哲学家亨利·大卫·梭罗这样说过："男人在沉静的绝望中生活。"心理学家特伦斯·里尔最畅销的书《男人其实很忧郁》（*I Don't Want to Talk About It: Overcoming the Secret Legacy of Male Depression*）中写道：

跟传统中虚构出来的那些孤独而又过于自信的英雄人物不同，真实世界里的男性需要有社会联系，而且他们的需要丝毫不亚于女性。自我价值的感觉中也包含一种归属感，要有人在乎你，要有人愿意跟你亲近。在一份健康的感情当中，成就来自于基于稳定关系之上的爱和付出，而非看似光鲜的生活。

这是对现代男性生活最残酷的讽刺：这个社会训练男人们，让他们为成就而奋斗，让自己因此而值得爱；但他们对成就的追求却将他们从与人的联系中隔离。做一名现代女性很难，但做一名现代男性同样不容易。

在中国文化当中，男女之间缺少爱情并不少见。我们的母亲、还有母亲的母亲从来不奢望在她们的婚姻中有爱情，因为爱情在我们"嫁鸡随鸡，嫁狗随狗"的传统中从来都不是必要的成分。

而等级观念跟爱情是对立的。真正的爱情只能存在于两个自由的灵魂之间；当一个屈从于另外一个，两者之间可以有感恩和虔敬，但不会有爱情。在从古至今中国的历史上，家庭的构造中是以顺从代替了爱情。

有了这个背景知识，我们可以开始了解男女之间爱情的本质。激情之爱在社会旧秩序中只能待在角落里。在它出现的时候，也总是被粗暴践踏和排斥。梁祝式的人物只能殉情化蝶，因为他们别无出路。

而美丽的爱情传说却永世流传。这正是由于它表达了我们灵魂深处的渴望——无论男人还是女人——渴望敞开，被另外一个人所了解、爱和感动，去体会我们人性当中的那种快乐和幸福。

我们如今觉得好男人难寻，因为我们是第一代要求得到爱情的女性，而无论是我们自己还是男人们，都没有人教过我们如何得到爱情。

不过这也正是我希望今天的女性能够找到我们需要的男人的原因所在——我们

需要的，男人也需要。其标志就是：很多男人已经迈出了一步，向女人伸出了爱的橄榄枝，或者在家庭生活中做出了平等的姿态。

可不可以跟没自己挣钱多的男人在一起？

一位 Global Rencai 的读者给我写了这样一封信：

> Joy，我工作一向努力，事业有成，挣钱也很多。我喜欢旅游，喜欢跟姐妹们一起闲逛，喜欢花钱。我的问题是：我找不到比我更成功的男人。这样的男人要么就结婚了，要么就是同性恋。

这个问题直捣当今文化当中两性观念的内核。在中国的历史上，永远都是如此：男人要想像个男人，他就得说了算；女人要想像个女人，她就得服从。

如果我们想要与男人平等，并且打算把自己从这个等级制度中、从服从的地位中解放出来，就必须甘愿放弃男性主宰的观念。如果我们想要突破社会男女观念的牢笼，也必须超越这一观点——用资产价值作为衡量一个男人价值的唯一标准。

是的，跟一个挣钱比你少的男人在一起没有问题。沃伦·巴菲特，这位玩钱玩出了些名堂的男人，这样建议我们：

> "最好跟比自己强的人混。挑出那些做得比你好的人，你会逐渐向他们看齐。"

社会的男女观是反人性的，我们只有超越这种旧观念，才能获得真正的伙伴关系：你和他成为终生的爱人和真正的伙伴；成为共享家庭生活中的欢愉和劳苦的伙伴；成为鼓励和分享对方职业上的挑战和胜利的伙伴。

此外，尽管这听起来有点让人不舒服，我也不得不说，如今男性至上以及许多其他对女性不利的因素仍然存在，所以存在这样非常现实的可能性：一个现在挣钱没你多的男人，十年后挣钱会比你多。

对某些夫妻来说，"平等"意味着妻子和丈夫**都**可以为了家庭而把自己的事业降挡。我在海德思哲的时候亲眼看到了这一理念的实效。

全球精英猎头是个要求很苛刻的工作。挣钱多，但出差异常频繁。在海德思哲内部有一个经典笑话，它源于这样一个现象：公司里大多数有孩子的高级女性雇员都有个家庭主夫的老公。他们中有些是在享受退休生活，有些则享受着高尔夫。

我们把他们称做"海德思哲老公"。毋庸置疑，海德思哲老公们花钱请了很多帮手，因为有钱的男人大多不会自己去做家务和看孩子。而据我所知，对于这样的分工大家都很满意。

所以我们这些没有孩子但想要孩子的人就会跟 CEO 开玩笑："头儿，啥时候给我发一个'海德思哲老公'啊?"

用猎头的方法猎男人

既然你买了这本书，就说明你不是那种随便嫁个人就行的女人。承认吧，姐妹们：如果你一心想嫁人，你早就嫁出去了，是不是？你可以嫁给那个一直爱着你的人，那个只要你需要他就随时会出现的人（不论你是要买台新电脑、复习考试还是要修厨房的水管）。只要你给他个机会，他就会娶你。可是，你并不想嫁给他。你是与众不同的，你想找到跟自己登对的人。

可是怎么找到他呢？

如果你想买辆新车，不大可能会跑到市场上看见第一辆车就出手、试驾个一年半载，不行的话送回去再换一辆。那么，为什么要用这种方式选男人呢？来试试猎头的做法吧。

作为猎头，要想成功寻猎，首先脑子里必须非常清楚你要找的是个什么样的人。如果这一点你不清楚，你的搜索会很盲目，也很容易受到各种影响而走弯路。结果很有可能是跟一位 Mr. Wrong 纠缠了好几年却终不能花好月圆。更糟糕的情况是：你嫁给了 Mr. Wrong。

每次我的猎头公司有新的客户，我们都要先讨论一下客户公司的现状和未来的发展战略。我们会讨论新人要面对的挑战，有时是 CEO，有时是营销总监，有时是财务总监，或者其他客户希望我帮他们找的人。然后，我会写出一份候选人资质说明，它会包含"三桶水"：

第一桶水：知识、技能和资格。包括候选人的工作经历、教育背景、拥有的知识和技能。换言之，就是他简历上的所有内容。

第二桶水：领导力。包括候选人在职场的实际表现。我们会确定对于目标职位来说最需要的、也是最重要的领导力。

第三桶水：个性。这位候选人是怎样的一个"人"，他的价值观和目标。

我之所以将选人的标准这样拆分，是因为根据我的经验，很多公司如果是自己找人，他们的依据往往只是第一桶水的多少——也就是看到的简历；但是他们提拔人和解雇人的原因却是第二桶和第三桶——也就是这个人怎么样，他的行为和表现。

在客户**认为**自己**需要的人**和他们**实际需要的人**之间如果有误区，会导致巨大的损失和机会的错失；对于公司和他们错请的人来说都是如此。这就是为什么我们一定要事先对要找什么样的人达成共识。

如果问一个正派的男人，他希望女人具有哪些优点，他会讲四点：美丽、可爱、聪明、自信。可如果问一个现代女性她希望男人有什么优点，她会一下子列出50点：有套好房子，有部好车子，有一流大学的文凭；像李嘉诚一样有钱，像吴彦祖一样英俊；穿着考究但又不花哨；在饭店吃饭知道怎么点红酒、红酒来了知道怎么喝……再加其他 42 点。

这些大部分都是第一只桶里的东西。有房子，有名牌大学的文凭，懂得品酒、懂得衣着……诸如此类，都跟他做男朋友的表现怎样（第二桶），及他作为一个人究竟是谁（第三桶）没有关系。

拿我来说吧。我跟男人约会的经验可比你多。毕竟我 38 岁才结婚，而在结婚前那 20 年里我可不是只跟女朋友们玩牌来着。在我 20 几岁的时候，我寻找 Mr. Right 时过多关注他们的第一桶水。而在我做副市长之后，情况倒转，往往是在男人约我出去的时候，我会怀疑他的兴趣不在我身上而是在我的职位上，他关心的是我会怎样帮他。这个感觉可不好，谁愿意觉得自己被利用呢。

多说一句，最近中国房地产市场在走下坡路，所以房子现在可不能算是个明智和安全的投资。你应当这样看待金钱：要找一个和你具有相同金钱观的男人。如果你喜欢钱，那就找一个愿意**跟你一起**为之奋斗的男人。

无论对你的公司还是生活，实际上第二桶和第三桶水才会真正预示你和你猎取的人之间关系是否持久。对于你列出的长长的需求单，应当从中确定几条你认为"必须要有"的。

现实地讲，你的清单上可以包括一些第一桶里面的项目。比如，以我为例，我的生活经历非常丰富，所以很现实地说，我不大可能跟一个没受到过良好教育、旅行经历不够丰富的人在一起。不过，要把你的"第一桶项目"缩减到越少越好，然后，多关注一些"第二桶"和"第三桶"里面的项目，比如：

○我们拥有相同的价值观；我们对于生活的期待是一致的。

○他成熟而感性。

○他令我信任和欣赏。

○和他在一起，我的心会歌唱。

然后把你原来清单上 50 样东西中的其他那些都移到"有了更好"一栏去。在这个次重点栏里包括的才是他如何穿着打扮、对酒的品位、他家族的名望等等。

不要指望 Mr. Right 是全能的。我们在第 3 章讨论过，我们在生活中需要不同类型的朋友。没有任何人能够做你的全能朋友，所以也不要对你的 Mr. Right 有这种期望。

不要希望 Mr. Right 是个完美的人，任何人都不完美，包括你自己。也不要指望拥有 Mr. Right 能够满足你列在"有了更好"一栏中的所有要求。或许他在很多方面跟你不同，但他会与你完美互补。他有些方面令你失望是不可避免的，所以你要做好准备，学着去真正接受他；你接受的不是你的王子，不是你的老爸，更不是你的拯救者；你接受的是你的男人，你的伴侣。

我有很多时间是在跟一些"完美自恋型"男人约会，他们爱自己胜过爱任何人，但却具备"有了更好"清单上的所有特征，比如他们都非常迷人，还会带我去一些很有异域风情的地方；他们穿的是设计师品牌的服装。可他们缺少的是些最关键的"必须要有"的项目，比如"值得信赖"和"真的爱我"。

跟这样有魅力的男朋友在一起，刚开始会感觉很棒；但如果你并不是打心眼儿里喜欢他，或者跟他没有那种像与真正的朋友之间息息相通的感觉，特别是当你和你酷酷的女朋友们也去得起那些有异国情调的地方，而且玩得更开心的时候，这一切就会让你觉得索然无味了。

我曾经一心想嫁个中国人。很久以前，英语成为了我的母语，我想象着要是我结了婚，能在家里说中文那该多好啊——将来我跟丈夫再生几个中国宝宝。

可是我进入的美国商界和政界的圈子里，几乎就没有华裔男人。终于，我还是嫁给了一个只会说几个汉语单词、而且基本上都用第四声的男人；我们的两个小女儿更是世界公民：一半中国血统，四分之一匈牙利血统，四分之一意大利血统。

Dave 是我见过的最有趣、最感性的男人。见过他的人对他的印象非常一致："哎呀，这个人太棒了！"这对他的工作非常有好处，因为人们喜欢他、信任他，于是就愿意跟他一起做事。每次我们出去会朋友，我都特别享受事后跟他一起回味的过程，比如大家都说了些什么，通过这些又能**看出什么来**。

Dave 的敏锐狡黠和明朗的天性照亮了我的生活，而且他的长相——还很养眼呢！

Do not
marry
before
age 30

第11章　　有妇之夫以及 Mr. Wrong

我从不依赖男人，但我需要男人。

———洪晃

　　在你的 Mr. Right 候选人资质表中，除了"必须要有"和"有了更好"这两栏之外，应该再加一栏——"绝不考虑"，因为有些男人根本就不是结婚的料。第一个应该把哪种男人放进这一栏里呢？答案是——有妇之夫。

　　如果你又年轻又单身，并且还具备一些女性性征，那么就有可能会跟个有妇之夫搅在一起。已婚男人**可真够**殷勤的——他们总是给你带好吃的，给你买珠宝首饰、名贵的手袋，甚至会给你一套什么都有的房子。一般说呢，他们也并不是一心只想着跟你上床，他们很孤独，他们很关心你、能帮到你，而且你也能帮到他们。

　　可是跟有妇之夫在一起也有很多弊端。你们什么时候见面只能是他说了算，而且更让人气恼的是，一到周末，在你最想见他的时候，他却总是跑去跟家人团聚；你们到饭店里吃饭，要是他老婆的女朋友走了进来，他会一下子钻到桌子底下去——丢死人了。

有妇之夫要不得

　　一位读者写给我这样一封信：

　　我的情人是个有妇之夫，他比我大，是那种师长的感觉。我见过他的家人、朋友和好哥们儿，所以我们的关系也不是完全不见天日。他跟妻子关系不好，而且养家带孩子也挺不容易。他爱我，但我不知道他对我的爱够不够多……我的心都要碎了……我爱他，但更恨他——而且我不知道什么时候我们才能光明正大。我想把他忘了，却又不能不想他。我该怎么办？

该怎么办？你该甩了他。

或许他在没有搞清楚自己想要什么之前就结婚、生子了，如今经过了这么多年的婚姻，他和他妻子已经向不同的方向进化了。

这种情况在很多人身上发生，无论男女。可是如今他并没有像个负责任的成年人一样去面对自己的问题，而是规避问题，方式就是跟年轻漂亮的你再青春一把。他可能对你说他爱你、他跟妻子处不来，但我猜他对妻子可不是这么说的。他背叛了自己曾承诺爱护一生的女人。他对你也谈不上尊重——因为他无法正大光明地爱你。

我曾经读过一个报纸的专栏，作者是一位单身母亲兼癌症幸存者，她写了 50 条生活教训。那时我还身处政界，一个充斥着阴谋和道德灰区的世界；我当时对其中的一条印象尤为深刻：**"如果一份感情见不得人，你就不该陷在里面。"**

这条忠告对你的职业生涯和个人生活同样重要。你跟这个有妇之夫无法见人的感情对你的伤害有两个方面：首先，它在情感上和精神上都给你带来痛苦；其次，它阻碍你拥有那种公开、诚实、滋润身心的感情，而那样的感情才是值得你拥有的。当他向你哭诉婚姻不幸的时候，或许这让你有种悲天悯人的感觉，但他们两口子的不幸是他们自己的事，与你无关。

好好关爱自己，让自己拥有一份真正的感情。

那么，离了婚的男人怎么样？完全没问题！可是很多男人离婚后就再也不会出现在我们的视野里，因为在他们离婚的时候，他们的第二任，或者第三任、第四任妻子就已经在等着了。如果你真的遇见了一个很不错的离婚男人，不要因为他离过婚就不去约他。我刚认识 Dave 的时候，他是个"离婚无孩"的男人。而他之前**所有的**生活经历都让他成为了现在这个更好的男人、更好的丈夫。

除了有妇之夫，你还要对那些虐待女人的，以及精神健康方面有问题的男人说"不"。关于虐待的话题，你可以看看第 6 章的讨论。对于这样的男人我们该有同理心吗？是的。但是有同理心跟与他约会、嫁给他完全是两码事。

我曾经和一个各方面条件都很好的男人约会过。刚开始约会的时候，我没有完全认识到他具有毁灭性特质。我不敢去想分手对他会造成多么巨大的痛苦，所以我跟他拖了好几个月才结束。

打那以后，我认识到，即便是一个好女人也没必要把自己的全部约会都搞成像在护理什么人。我见过太多的家庭因为虐待和精神健康方面的问题而破裂；而如果在你的家庭里面有此类问题，一定要去求助。

还有什么样的男人要列入"绝不考虑"栏里？那些跟你价值观不同、对未来的愿景不同的男人。如果你很在乎你的朋友们，可他不但没有朋友，而且还不尊重你的朋友，就要对他说"不"；如果你想要婚姻，而他压根儿不相信长久的承诺，就不要跟他浪费时间。

跟你有相同价值观的人，应该也是个靠得住的人。如果你的男人让你觉得不可靠，好好想想：是你自己的安全感有问题，还是他的什么行为让你有这种感觉？如果是他的问题，就要对他说"不"。

多说一句，出轨不存在任何可接受的理由，因为一个男人不会是出于偶然的原因跟什么人上床。出轨的男人是他本身存在问题需要解决，但不要让他用你的时间去解决这些问题。你只可以跟你能用生命去信任的男人在一起。

不要跟一个花你钱的男人在一起。从朋友那里，我总能听说越来越多关于"凤凰男"利用富家女的财产和社会关系的事情。

我们刚开始恋爱的时候都很幼稚，所以学会教育和保护自己才显得那么的重要；方法就是：跟不同的男人约会，来提高自己评判人的能力；把你的男朋友介绍给爱你的人们，认真听取他们的意见。

别跟 Mr. Wrong 纠缠

我和我的朋友们都曾在错误的感情里逗留太久，有时是几个月，有时是几年，久到明知这份感情对我们来说已经不再美好。我们试图改变对方，也试图改变自己，而在试图化腐朽为神奇的过程中，我们错上加错。明明行不通，我们却挣扎着去强求，一路上给双方带来的只是更多的挫败和失望。

我们继续拖着，因为不想伤害他的感情；我们继续拖着，因为没有勇气去听从自己的心声；我们继续拖着，因为我们恐惧变化、害怕孤单；尽管是个糟糕的境地，我们仍觉得安全，而未知的世界还要冒险；我们继续拖着，因为想走出来真的好难；我们感到疲惫，不想从头再来。感情虽差强人意，可痛苦已变迟钝；而一旦感情破碎，该是多么的撕心裂肺。

所以，我们会拖上太久。脑子里总是去回想过去的时光，还总是提醒自己不能什么都要。我们还煞有介事地对朋友们说："人长大了，就会是这样。"我们告诉自己，一份糟糕的感情终归是聊胜于无。

这实在是错上加错了。

女人在感情中犯的最严重的错误是在该说"不"的时候没有说。这个错误会是致命性的错误，因为阻碍你找到 Mr. Right 的最大障碍，就是你跟 Mr. Wrong 的纠缠。

宁缺毋滥，远远要好过聊胜于无。处在那样一份感情中，会让你再也无法拥有美好的感情，因为你跟 Mr. Wrong 在一起，"市场"上就不再有你的一席之地；如果你每天晚上都是跟你的 Mr. Wrong 一起蜷缩在电视机前，那你的 Mr. Right 就永远也找不着你。你的惰性会耽误你对真正爱情的体验，或许是数月，或许是数年，或许是—— 一生。

其次，更贻害无穷的是，跟 Mr. Wrong 在一起，作为一个人，你生命的精华会被抽空。你生命中最主要的感情对象如果是一个不懂得充分欣赏你、爱你的人，如果他总是批评你、不跟你配合，那么跟他在一起必然会导致你耗尽心力。

这个社会让我们女人可期望的太少，所以我们会在一份糟糕的感情中逗留太久。我们找了个男朋友——随便什么男朋友——觉得那就是爱情了；而实际上那只不过是一种对爱的渴望。每一天的拖延都在证明你对生活缺乏掌控的能力。只为获得一份感情，我们任由精神枯萎，可这样一来，我们让本质的自己——我们的灵魂——永远沉入海底。

不能对自己不负责任，不要因为后面这些原因就跟他一直耗下去：你喜欢他的父母；你们已经搬到一起；你们共用一个银行户头了；你们有了共同的朋友。一份感情绝不仅仅是一种生活方式。

不要出于一种责任感而跟他在一起。你没有义务跟任何不能让你十分倾心的人约会。诚实总要好过做假。

对自己诚实一些，想想这份感情究竟是让你的生活增色还是贬值。在你内心深处，如果一份感情对自己来说不够好，你心里是知道的。不要只是为了生存而活着。不要觉得自己需要为了不值得爱的男人安顿下来。

任何让你感觉不到真正快乐、安全、骄傲的感情，对你来说都不够好。你值得被爱，值得被好好爱。一份美好的感情，比那种聊胜于无的感情不知好过多少倍。

长大不等于放弃，长大意味着发现自己、变得独立、学会照顾自己。等你真的长大了，你就会找到一个令你神采飞扬的伴侣。说"不"给你自由。

如何对男人说"不"

坠入爱河之后，我们很容易把"爱"和"永远"混为一谈。我们觉得如果爱一个人就会想要跟他永远在一起。如果对方提出分手，我们会认为他以前不是真的爱自己，我们感到被拒绝、被背叛。"你怎么能就这么结束我们的感情！我以为你是爱我的！为什么不再给我们一次机会?!"

可维护一份感情，光有爱情是不够的。一个好的婚姻需要很多——共同的愿景、共同的价值观，还有很多其他因素。明白了这一点，我们在一段感情结束的时候就不会有负人、负我的感觉。我们可以这样说："我们曾经相爱，但还是不能在一起。现在让我们继续去寻找对的人吧。我很遗憾，但我希望你过得好。"

女人在日常生活中很难说"不"，而最难的就是有时候要对我们需要拒绝的男人说"不"。所以我们就把说"不"从我们的字典里删掉了，这也是世界上存在那么多有问题的感情的最主要原因。

做猎头教会了我说"不"，因为向候选人说"不"是猎头的例行工作。对每一个寻猎的要求，我和我的团队通常会评估数百名候选人。出于职业的礼数，我们会亲自对所有落选的候选人说"不"，就寻猎的结果说明的问题给出建议，祝愿他们今后发展顺利。对于只有很少的电话或电邮接触的候选人，我们会发邮件通知；对于接触比较多的候选人，我们会电话通知。这给了我很多操练的机会。

对男朋友说"不"很难。它要你相信自己，相信自己的头脑，以及一个更好的未来。唯一能够克服这个困难的办法，就是径直去做——直截了当。

不要浪费你和他的时间。说"不"的最佳时间是在你第一次意识到这个人达不到你要求的时候，哪怕他是一个很优秀的人，抑或你曾跟他共度很多美好时光。这个时刻或许出现在你们的第一次约会中，或者是在你们交往半年后，甚至是多年以后。

这样做：说一说你喜欢他的地方，不要责备他。无须回顾过去、分析你们的关系，或者给出决断性的反馈。如果你想分析，那是该跟你的女友们做的事情。

如果他很难过，你要体谅。"我很抱歉，这让你这么痛苦。"不过你要明白，没有必要为了让他满意而去解释什么事情，为他疗伤止痛也不是你的职责。如果他责备你，不要接受。

分手后，不要再回头。不要感觉很失败，更不要觉得自己浪费了几年生命。如果这让你学到了一些东西，那么这份感情就不是失败。

当你真的对 Mr. Wrong 说了"不"，会有好事发生的。你对自己的感觉会比之前很长时间内要好得多。你会找到自信的感觉，这是因为你好好关爱了自己，你知道自己不是一个奴隶，不会简单屈从于闯进你生活中的人和事。你是在把生活放在自己的手中，会给自己创造更多的可能性。

学会对男人说"不"，对于你作为女人而成功至关重要。到目前为止，你如此出色地设计了自己的职业和生活，你不会希望跟一个不对的男人绑在一起而毁掉这一切。每次你说了"不"，你都是在向真正 Mr. Right 出现的时候说"是"迈进了一步。

别指望改变一个男人

你身上发生过这样的事情没有——你遇见了一个男人，觉得他对你来说就是完美的了——呃，近乎完美吧。你找出了几个待改进之处，觉得把**那些**搞定之后，他就完美无瑕了。

我的女友和我自己，都曾在感情的死胡同里面待上好几个月甚至好几年。所以为了让你们不再浪费时间、免受痛苦，我现在就告诉你们：**你是无法改变男人的。**

这在女人听来挺难以接受的。我们是女人，就是说帮助我们的男人改进会让我们觉得心里暖烘烘的。我们总在试图改变男人——那就是我们的工作呀！他的缺点，如果我们不说，谁来告诉他呢？

我们觉得试图改变男人是件挺可爱的事，可男人感觉到的是被控制、被操纵、被否定。你的男人可能喜欢他目前的生活，不然他自己早改变了。我们能够改变的只是我们自己，而且你也知道，这已经够难的了。

你真正需要做的是评估一下他是不是做丈夫的材料。你找出来的瑕疵是什么呢？要不要紧？不要把男人逼到你"必须要有"的栏里，或者把他从"绝不考虑"那一栏中硬给拎出来。要么接受他，要么找别人去。如果你接受了他，学着接受他能够给你的，宽容他无法给你的。

"他其实没那么喜欢你。"

在《欲望都市》里面，有一段故事的情节是，米兰达喜欢上了一个男人，但那人从来不约她出去。于是一群女人一起分析形势。女伴们都替她说话："你那么漂亮！不想要你的会是什么男人啊?!"然后，女人们一起分析为什么他还不来约她。

突然，一个男人听见了她们的话，耸耸肩膀，说了一句："He's just not that into you."（他其实没那么喜欢你）

后来，《欲望都市》的作者干脆就写了一本书，名字就是这指点迷津的：He's just not that into you。然后这本书又被拍成了同名电影。梗概是：男人只寻求他们想要的东西；如果一个男人没有来追你，解释只有一个，He's just not into you。但这不等于说你不美丽、不迷人。

举几个例子：

比如，他答应给你打电话，但他忘了。可是——他是有工作的吧？那他就不是个白痴，他知道怎么打电话。他出差了？那他总带着手机的吧。他并不是忘了打电话，只是——"He's just not that into you."他不想让你哭。

再比如，他太忙了所以没法跟你见面。一个男人绝不会因为太忙而不去追寻自己想要的东西。"忙"是什么的代名词呢——"He's just not that into you."

再如，你对一个男人很动心，你精心安排了一个单独和他一起的活动，比如爬山或其他好玩的活动。可在那之后他没有任何举动。为什么呢——"He's just not that into you."

又比如，他说他喜欢你，非常喜欢你，但他还没有准备好去做出一生的承诺。这个呢，你大可放心，不出五年他肯定会结婚——跟别人。"He's just not that into you."

这回你该明白了吧。这句话可以让你忘掉他、继续走你的路了吧。当你真的找到了自己的 Mr. Right，你就再也不会为一个 Mr. Wrong 消得人憔悴了。

Do not
marry
before age 30

第12章　　成功女人也可以是"妖精"

安全感其实来自于看那个男人有多爱你，但是那个男人有多爱你，还是取决于你有多爱你自己。

——刘若英

莫琳的 70 岁生日晚宴上，她最亲密的朋友们围坐在十人的餐桌旁。房间里面点缀着亮晶晶的织物。莫琳看起来像个天使。烛光的映衬下，她的金发在她头上形成了一个光环；而烛光让每个人看起来都是那么动人，这情景真像是天堂的画面啊。我们要求莫琳致辞。

"好吧！"她开口了，"我活了这么多年，什么都见怪不怪了；可是呢，就有那么一个事儿让我觉得不可思议……"

这绝对是一个懂得如何制造悬念的女人。所有人都竖起耳朵，等着听她的字字珠玑。

"……那就是——**我到了这把年纪，仍是妖精一只！**"

莫琳的确是妖精一只，从前到现在一直都是。莫琳是个万人迷——她比我大 30 岁，不过即便是在她状态不佳的日子里，她身边的男人也比我最辉煌的时候多。以莫琳现在的年纪，单身男人真的没几个了；可她身边仍有大把大把的男人。

好男人多的是

我们绝大多数人缺少莫琳那种热情洋溢的感召力。所以，我们才会有现代女性所面对的最现代的问题：我还能找到我的 Mr. Right 吗？

有两种女人，对男人的看法各不相同：

第一种：跟我年龄相仿的好男人，要么已经结婚了，要么就是同性恋。剩下单身的就是那些只喜欢年轻姑娘的老男孩儿了。他们希望自己的女人 "温柔"，其实就是 "顺从" 的代名词。我是有主见的女人，所以男人怕我。我找不到男人了，干脆宅在家里算了。

第二种：我相信不久就会嫁给我的 Mr. Right。他会一直对我好。我们心心相印，没有任何事情能够难倒我们。我们的生活会完美无缺。我只需要耐心等他出现。

两种女人一个悲观一个乐观。哪种能够找到 Mr. Right 呢？

哪个都不行。

可是为什么呢？难道乐观不好吗？

最近的科学研究表明，"好事情会发生在乐天派身上"，这个信念只有一个问题，那就是——它错在根儿上了。研究发现，这种思维方式其实很危险，因为它实际会导致失败。

心理学家海蒂·格兰特·霍尔沃森博士在她的《成功：如何才能达到目标》

（*Succeed： How We Can Reach Our Goals*）一书中写道，若想成功，你必须学会区分"现实的乐观主义"和"不现实的乐观主义"。

现实的乐观主义者们相信自己会成功，但是也相信要通过选择合适的策略、克服各种障碍和不懈的努力来把成功变为现实。因为他们知道过程的艰辛，所以会付诸行动。

不现实的乐观主义者们相信成功就像天上掉下来的馅饼，认为只要自己乐观，这个世界就会为此奖励自己。如果你表示担心，他们会谴责你消极。因为他们只关注自己想得到的东西，他们的天真会妨碍他们达到目的。

你越是在意自己的梦想能否实现，理想化的心态对你积极性的削弱作用就越强。很多研究都证实了这一点，比如：大学毕业后找工作，单身男女找对象，老人的术后恢复。现实的乐观主义者们会发出更多的求职简历，接触更多的恋爱对象，在物理治疗中也会做出更多的努力。而这样的做法都会大大增加成功的概率。

霍尔沃森博士这样讲："研究表明，无论是打算对自己暗恋的对象迈出一步，还是想得到一份新工作；无论是大手术的术后恢复还是减肥，如果你不够现实，只会把自己搞得很惨。"

同样的效应也发生在悲观主义者身上。情绪沮丧、自信心低下的人更容易担心他们面对的障碍，而且一心只**想着**那些障碍。"我不行，我做不来"是一种很糟糕的想法，它会弄巧成拙；而"我知道这不容易，所以我必须努力"则是一种很好的负向思维，它预示着成功。

不要去想象成功，要去想象为获得成功你所要采取的行动步骤。

你能成功找到你的 Mr. Right 吗？我不知道。我知道的是：如果你不相信自己能够找到，那你很有可能就找不到。对于找男人，我觉得跟生活中大多数问题一样，英国戏剧作家威廉·萨默塞特·毛姆讲得最好了："生活很有意思。如果你只接受最好的，往往你就会得到最好的。"

最近，我跟一位很浪漫、年轻的中国女性聊起恋爱的话题。我问她想要什么样的丈夫，她回答说："我想要一个我什么都不用说就懂我的男人！一个能猜中我心思的男人！"她还强调说，她的朋友们大多都有这个想法。

"亲爱的，"我告诉她，"如果你想等到一个不用你开口就知道你心思的男人，你怕是一辈子都等不到喽！"

心灵感应这东西只在科幻小说里才有。幻想着男人能读懂你、完全能够按照你想要的方式来爱你，这纯属自欺欺人。而现实是，我们对自身的了解、对他人的了解越多，我们可以给别人的爱和从别人那里得到的爱就会越多。

不要只把男人视作结婚对象

我曾有一个朋友威利·坎贝尔，她是莫琳的导师，应该算我的师祖了。大约十年前她去世的时候 92 岁；而她离世后六个月，跟她一起生活了 65 年的丈夫杰克也去世了。我非常怀念这对夫妇。

记得在我大概 24 岁的时候，我刚跟那时的男友分手；有一天威利见我闷闷不乐，就过来问我。

威利：你怎么了？

我：我很难过。男朋友跟我分手了。他那么好。

威利：他好并不等于他适合你啊。

我：可我很喜欢他。

威利：Joy，你们这些年轻姑娘得学会怎么跟男人做朋友，而不是只想着跟他们结婚。

我：可对男朋友呢？而且我们要是都发生关系了又怎么办？

威利：那又能怎么样呢？男人的想法跟我们可不一样。他们可以给我们的生活带来乐趣，让我们对生活认识得更透彻。你这个年龄的女人需要学着跟他们做朋友。可以一次多交几个。

威利说得太对了。男人跟我们不一样，他们会为我们的生活带来很多乐趣和友情。学着跟他们做朋友吧。

如果你决定像个猎头一样去猎取男人，那就让自己忙活起来吧。当你充满激情地追寻自己的梦想，不再施压，男人反而会被你吸引。让他们去琢磨如何才能进到**你的**奇妙世界里来吧。

有些感情发生的时候如同焰火一般绚烂夺目。你遇见了一个人，电光火石之间，你们相爱了。你们的视线就像拴在了一起一样，你们一刻都无法分开；你跟女朋友在一起的时候也会滔滔不绝地谈论他。

可如果你们不先成为朋友，你们之间的感觉也会像焰火一样很快消失。先把你对爱情的浪漫幻想放到一边吧。如果你不是真心实意地喜欢他，他也不是真心实意地喜欢你，他就不会是你的 Mr. Right。

所以，先跟他做朋友吧。多笑一笑，做个有趣的人，甚至是滑稽的人。一起计划一些你们两个都喜欢的事情，比如做饭、爬山、打羽毛球什么的。把他当成一个不错的新朋友，也会让你对他不至于太着迷。毕竟——当你结识了一位新的女性朋友，也不能要求她只跟你一个人做朋友吧，而且你也不会去监视她的行动。

所以，对他也保持平和的心态吧。他是你的朋友，他跟别的女人讲话的时候你不能去监视他。同样，当你去见其他男性朋友的时候，他也不能去监视你。（你**不会**因为跟他的交往而跟其他男人绝交吧?)

像对自己的好朋友一样对他。你们在一起的时候，全神贯注于他；在工作上给他打气，对于他的长处多多注意；为他出主意，给他以灵感。

开心地相处，也来点儿神秘

跟他在一起的时候，让你的快乐自内而外地散发出来。如果你想复习一下快乐之道，请回过头去读读第 3~8 章。你快乐是因为你在探究这个世界，你真实对待自己，你在努力让好事不断发生。

你或许不是对生活的每个方面都满意，但在最初的约会中，没有必要把你对生活的怨气和以前感情的包袱都倾诉给他；最开始的几次约会应该是轻松愉快的。

如果你对一个男人过分关注，他会感到有压力。别总在电话机旁等着，要走出去享受自己的生活，要在你时间安排允许的情况下给他打电话。他如果真给你打电话了，也不要扔下闺蜜、重色轻友；因为你有自己的生活。不要每当有一个新的男人出现就方寸大乱。好男人不会为此而感激，而不好的男人则会利用你，直到让你放弃得太多。

你跟他在一起的时候，可以对他好、跟他很亲昵，但不跟他在一起的时候，要保持距离。不要总是给他打电话，也不要煲电话粥，更无须总去解释自己在哪里。要有点儿神秘感，给他这样的感觉："我喜欢你，但我不知道你是否适合我。让我们一起开心地相处，互相多了解一些吧。"

不要跟他争论他该怎么打发时间。如果他又想看一晚上的体育电视节目，你即便不高兴也不要坐在他身边发火儿。找些自己的事情吧，化化妆，穿上性感的衣服，打扮得漂漂亮亮的，跟朋友出去玩。

新锐情感专家曾子航在《女人不"狠"，地位不稳》中这样写道："女人的魅力不在于美丽，而在于神秘：请记住，男人很多时候都像一个好奇心十足的孩子，对猜谜揭秘那些事乐此不疲。女人越是神秘，男人就越是对你着迷，穿着一层薄纱的女人，一定会比全裸的女人更具诱惑力。"

比方说你喜欢一个男人，但他没约你。你该怎么办呢？坐在那里渴望着他，盼着他能注意到你？在网上悄悄关注他？突然开始对他进行电话轰炸？不要这样。你要去约他，不过不要约他去吃浪漫的烛光晚餐，要约在白天。比如：

"Hi，我需要买台新电脑，你能来帮我选选吗？"

"想不想打羽毛球？信不信你打不过我！"

"关于明天的考试，我今晚要召集一个学习小组。你能来参加吗？"

然后，如果他喜欢你，他会回过头来约你；如果他不喜欢你，你继续走你的路就是了。

大女人也有似水柔情

身为一个女人，事业成功对你的爱情生活来说好坏参半。好处是，优秀的男人欣赏独立女性，而我们这样的女性知道如何独立；坏处是，我们在事业中成功的做法在感情生活里往往行不通。

有成就的女性会习惯性地不停证明自己。而无论我们有多么成功，别人都会先把我们看作是女人，所以别忙着向别人展示我们到底有多么优秀。那些在职位上成功超越男性的女人，是通过在男人擅长的领域超越他们，而做到这一点的。

而当一个男人喜欢你的时候，他可不是在寻找生意伙伴，他是在找生活中的伴侣。如果你把这两样弄混了，在约会的时候也想像在日常生活中一样让人印象深刻，那么给他深刻印象的或许是你的能力和头脑，让他想要请你帮他做事、跟你合作也说不定；不过那跟他想和你有私人约会可是两码事。

所以，约会的时候，不要做个大女人。不要讨论工作，不要试图用你的商业头脑去打动他。不要展示你的辩论技巧，不要试图盖过他的意见。你或许觉得自己有能力、很现代、口才好、自信足、喜欢斗斗智什么的，不过在他看来你或许太好斗、爱争辩。他不是在找律师，他是在找女朋友！

我自己也是花了很多年、赔上了无数约会才搞明白这一点，因为我**就是**一个大女人。很多年里，我就是这样，把最初的约会看成商务晚宴一样，展示自己的独立性，表明我没有男人过得也很好。可是，你不需要男人不等于说你就一定要用这样的态度去主导你的约会。你的事业做得越大，你就越是**无法**不谈工作，无法只把自己当做一个女人、一个人。而你这样只会让他对这一点印象更为深刻。

那么该谈些什么呢？谈你个人的事情，你的家庭，你喜欢看的电影，你旅行去过的地方，你喜欢玩的东西。总之除工作之外的事情，什么都行。不过也别像进入了表演模式，要停下来问问他的情况。

看到这里，有些读者或许已经坐不住了。你可能会说："可是 Joy，我就是这样的啊！工作就是我的全部！我喜欢竞争，我喜欢讲工作。你难道想把女人都推回到欧洲中世纪的黑暗时期?"

我明白你的感受。这样的行为方式曾让我们获得奖赏。在工作场所，我们因为能力而获得赏识，还有——对了，因为我们像男人。可在工作之外，这个世界又要求我们把开关调到"女人"挡，这不公平吧?

这要看你怎么想了。如果做女人意味着美好、亲切，用女性的柔情与另外一个人相连，那这个要求就不能算不公平，这对任何一种关系来说都是好行为。

一个好男人或许不会喜欢头脑简单、木讷、幼稚的女人，但他也不见得就想找个工作伙伴放在家里。他不会带同事一样的女人去度一个迷人的假期，也不会想跟这样的女人亲热。他只会跟她就公司战略展开辩论。他尊敬她，但他工作一整天之后，不会愿意回到家还要面对这样的人。

他在寻找他梦中的女人，一个他爱恋、愿意**为之**努力奋斗的女人。

不要试图让他相信你值得他爱。你**就是**值得他爱的。你是女王！**他**应该想要配得上**你**！对于成功女性来说，恋爱之所以困难重重，主要的原因之一就是，我们需要学会停止取悦男人，而要学会去接受好男人的爱。

任何时候，当你太在意是否得到一个人的认可，就会失去那个人对你的尊重。你要让**他**来争取**你**的爱。

你是个成功的女人，这就说明你有很强的能力修正自己的行为。正如你在工作中，在男人堆里不断修正自己的行为一样，现在，在工作之外，对相同的男人们，你也要改变自己的行为。

让早九点的你和晚九点的你不一样吧。

想象你现在是怎样跟你的侄子、侄女相处，或者想象一下将来有一天你会怎样跟自己的孩子相处吧。你不会踩着耀眼的高跟鞋，穿着你的普拉达套装给他们演讲一番吧？不会的。你会甩掉高跟鞋，将他们包裹在你的爱意中。对不同的人，你展现着自己不同的侧面。跟他在一起的时候，让你内在的光华闪耀出来吧。

不要觉得不公平，生活中有更糟糕的事情。如果你让他像对待女王一样对待你，就不会感到你需要在美好的事业和美好的男人之间做出选择。你会两样同时享受。另外，在办公室里那么辛苦地工作之余，你坐下来好好享受一个好男人对你呵护备至，那感觉真是——**好极了**。

在我 30 多岁的时候，身体某些部位开始下垂，但我的精神却随着对生活不断增长的信心开始飞扬。在我的感情生活中也发生了有意思的事情。我意识到，一路走来，自己学会了找到并留住好男人的情感技巧。

也正是在那个时候，像莫琳一样，我吸引的男人范围开始缩小，但都是些层次高得多的男人。老男孩们消失了，我身处一群成功而又自信的男人中，他们喜欢能够挑战自己的女人。恋爱变得**有意思**了。

我那些已婚的朋友，为了打探我最新的约会奇遇总请我吃饭。我和我亲爱的 Dave 的第一次约会是在一个周日的夜晚，不过就在前一天，也就是周六的晚上，我跟另外一个我也很中意的 Dave 也进行了第一次约会。朋友听说我竟然在一个周末里约会"Saturday Dave"和"Sunday Dave",觉得我简直就是个"采花大圣"。

周一早晨,当朋友打来电话询问战况时,我告诉他们说,从今以后只会有一个Dave。我那多年以来一直为我安排繁忙的工作和社交日程的秘书听到这个消息,也大为惊讶:看样子我已经找到了我的"Everyday Dave"!

一个猎头是性感并且坚强的,这也让她变得危险。她相信爱情,但首先她爱自己。如果一份感情不成功,她也不会因此被摧毁。她知道自己应该受到尊重。她不会迷信任何人的观点,无论那人是个男人还是她生活中的其他人。她的中心是自己。她就是人人想要的猎物。这让她拥有无限的魅力。候选人见到她会想:"没错了,我就是想跟这样的人共度余生!"

她还非常有效率。如果她认定了自己的Mr. Right,会立刻出击。你知道自己值得拥有梦寐以求的男人,所以到那个时候,完全释放你猎头的潜能,去捕获他的心吧!

Do not marry before age 30

当时相识满天下，在那么多男人里挑中了他，不是一时冲动，因为我觉得这个男人就是我所要的，无论是人品、学识，是可以跟他一生一世的。

——虹影

这样的情况你觉得似曾相识不——

你是一个好女人。聪明伶俐。正在通往成功的快行道上，为同龄人所仰慕。可你遇见了一个男人，然后一下子就晕菜了，无法正常思维。你的内心五味杂陈。你的行为开始不对劲：

○ 每五分钟就查一次手机看他有没给你短信；

○ 他一约你出去，你就把和闺蜜们的见面计划都推掉；

○ 总是给他打电话；

○ 偷看他的QQ；收买他的朋友去监视他；

○ 和你的闺蜜们一起剖析他说的每一句话；

○ 拿他和别的女人联系的所有证据审问他；

○ 不跟他在一起就不行，就觉得心里没底。

你这是患上了一种奇怪又常见的强迫症，叫做"新男友综合征"。患病的结果？结果就是你被他甩了。

为什么？因为你变了。他喜欢原来的你，而不是这个失魂落魄的你。当你如此急于套牢一个男人时，你就是在哭喊："求求你，选我吧!"你的行为传递的信息是：你爱上的是爱情这件事，而不是他。

这个社会教唆我们抓住每一个进入我们生活的男人，但如果我们那样做，会让男人觉得你走投无路、他自己也没什么特别，因为你对任何男人都会这样。男人希望你是选择跟他在一起，而不是你需要跟他在一起；并且，你选择他也应当是因为**他**的与众不同。

如果你有任何形式的"**男性痴迷**"症状（对某一个男人过于痴迷），或者有"**男人瘾**"（身边总需要有个男朋友），这迹象表明，你需要练习做猎头了。

猎头需要多操练

有些女人约会像无头苍蝇，每一次的新男友都是为了弥补上一任的不足之处；还有些人会一见钟情，然后发现男友竟然也跟其他人一样都有自己的问题，于是大为震惊；还有的人，仍在犯着什么男人都接受的错误，然后在对男人的指摘中度过一生。这些都是菜鸟级猎头的错误。

在猎头领域，有这么个说法："要是没有'人'掺和，做猎头会很容易。"的确，人是很复杂、无理性、情绪化的。可恰恰是这一点，才让猎头的工作还有我们的生活让人着迷呀。

这也意味着，要想做一名高效的猎头，你必须深刻认识人们的行为方式，**这**需要你阅人无数。

所以，我们这一行被称做"老人职业"。你很难发现一个 30 刚出头、或小于 35 岁的成功猎头；最出色的猎头年龄在 40 多岁到 60 岁。要想获得最佳猎物，你需要用睿智、成熟和判断力来指引你的寻猎。

这一行里，有效率的寻猎需要多年专门技能的培养。通过集中的培养和与成千上万名候选人的互动，我们磨炼着自己评估和诱捕的技巧。在我的公司，和在其他顶级猎头公司一样，一名猎头在可以被考虑负责一项寻猎之前，都要至少当上三年全时的学徒。

当然，你不可能什么都不干，只去学做猎头。你有自己的工作，所以没办法每周花上 50 到 60 个小时去寻猎男人。而且，跟我们不一样的是，你也不具备一个庞大的候选人资源库。

我想你明白我的意思了。在猎取男人这件事情上，要做一些实际的操练。

第一阶段：至少跟一百个男人约会

一个朋友对我说，她跟三个男人约会，哪个都没成；她很难过，于是打算先不约会了。我告诉她，如果她是我公司的猎头，只见过三个候选人就放弃一次寻猎，我肯定会炒了她。

对于一项寻猎的要求，成功的猎头会考虑合理规模的候选人范围。对于一项寻猎的要求，以我公司的惯例，会面试数以百计的候选人。在一次艰难的寻猎中，为了给一家财富五百强企业寻找一名首席财政官，我们评估了一千名候选人！

现在你是一名猎头，你面对的是一生中最重要的寻猎。在候选人评估阶段，必须保证你的选择是开放的，而你的选择就是候选人。你的候选人就是男人。你要保持你的候选人数量在最大范围，仔细评估每一个人。在做出最后的选择之前，你要约会**至少一百个男人**。

不要嫁给你的第一个男朋友。你不比较的话，怎么知道这就是爱情了呢？你对男人不感到好奇吗？如果你只是因为在年少的时候偶然遇见了一个人，就因此全面缩小了你对生活的选择，那未免太遗憾了。

单身的时光是你去寻找 Mr. Right 和寻找自己的时间，它属于你自己。每当你跟一个男人确定了关系，你生活中的各种可能性就大大减少了。所以，在你选定真正适合自己的男人之前，给自己一些时间享受自由吧。

不要把你单身的时光锁进恋爱关系里。单身时光，是你一生当中唯一可以去认识男人、与男人调情、与很多不同男人约会的时间段。作为现代女性，你成长和经历的一个很重要的部分就是去恋爱和失恋。

单身男人到处都是，他们乘飞机旅行，在酒店驻足，参加各种商务会议。对我来说，先是作为房地产开发商，后来是作为政府官员、猎头，我每年见到的男人数以千计。另外，我还参加了一些慈善团体以及其他团体，这让我有机会跟更多的男人接触。

在猎头这一行，时间就是金钱。我的公司每一次寻猎的收费是十万美金以上。我们的客户既然花了这么多钱，就要看到结果，而且要快。当我的一个猎头坐在电话前，面前摆着 50 份简历，她跟每个候选人的谈话顶多是 20 或 30 分钟。在这段时间里，她将候选人的资历跟我们的资格要求做对比，来决定是否请他来面谈。在任何一名候选人身上浪费的时间都会是一去不复返，所以她要做得又快又好。

而在**你的**寻猎中，时间就更为珍贵。我们的电话资格审查阶段相当于你的四处约会阶段。利用你的四处约会阶段，根据我们在第 10 章和第 11 章中所讨论的候选人资格要求中"必须要有"和"绝不考虑"清单，筛选出一批你可以考虑的候选人吧。

当你面试一个候选人的时候，你肩负着两项任务：吸引和评估。经验不足的"面试官"通常会因为过于关注约会本身而忘记了这两项任务。

别去关注那些表面的堂皇——豪华的饭店，大束的鲜花。更能够说明问题的是一些细节，因为在任何一份感情当中，性格问题都是最重要的。他怎样对待你？他怎样对待生活中的每一个人？在你"必须要有"的清单上，他拥有几项？你们的价值观相同吗？你能把他当做你最好的朋友吗？他前进的动力是什么？他在不同的场合表现怎样？总之，你要观察一切。

要对任何让你不安的行为有所警觉。他身上有没有你列在"绝不考虑"清单里的致命瑕疵？他是否有阴郁的一面？他对愤怒情绪的控制有没有问题？

一定要努力控制你的感情，保持你作为猎头的客观性。也就是说，约会不要像个热闹的肥皂剧，而要更像个淘汰的过程。保持一点神秘对于任何男人来说都是个好的诱惑手段，但对于猎头角色的你，在感情上保持一定的距离就更为重要，因为你需要把每个男人都放在全部候选人的背景之下考虑。

你不会跟每个人都来电的，所以不要把每次约会看成不是成功就是失败。相反，每次约会之后，你要考虑你学到了什么，并为此感恩。从每个候选人身上，你学到的是如何纠正自己，并在面对下一个候选人的时候更接近自己的目标。

当你认识了一个很特别的人，可能觉得自己爱上他了。不要试图避开你的朋友和家人。相反，带他见他们，听取他们的意见。同时，你也要去认识他的朋友，观察他跟他们在一起的行为。继续了解他，了解别人。给你自己一些时间，让你的生活充分展开，想清楚每一件事。让他来主导，给他空间。你工作很辛苦，所以跟他在一起时，要好好放松，享受乐趣。

在你评估每一位候选人的时候，也要保持你身边有一个大大的、可供随时调用的候选人资源库。拥有美好的事业，参加各种聚会，保持多种兴趣，让自己的生活因很多男人的围绕而丰富多彩。这些对于作为一个女人的你很重要，对于作为猎取男人的猎头的你来说尤为重要。

要把候选人资源库维护到什么时候呢？直到你有了男朋友吗？不对——直到你结婚。

通过你的朋友和其他你认识的人来结识男人。如果你是单身，你或许已经认识了你好友身边的单身男士，但你还不认识那些不太熟的朋友身边的单身男士。

让男人来追你，挑战他们。让不同的男人同时来追你，一次约三个。为什么要一次约三个？为的是让他们保持斗志，而且给你作对比提供参考。这样你也不大可能让某个人成为你的全部。

在四处约会阶段，要把每件事安排得轻快、好玩。把你多数的约会安排成日间的约会。玩上几个小时后，对他说："今天过得很开心啊！明天是个很重要的日子，我最好早点回去睡我的美容觉。"拥抱他一下，或者在他脸上轻轻亲一下。

要记住，这个世界上有许多男人，而跟谁在一起消磨时光完全由你掌握。一旦你觉得一个男人对你不合适，就要礼貌地说"不"。

第二阶段：只跟一个人约会

和一个男人约会了几个月，与其他人比较之后，你可能觉得已经准备好要与他成为一对一的男女朋友了。但别忘了，即便在这个阶段，你仍是在"面试"他。

睁大你的眼睛，观察和评估，他是否能够在长远的意义上让你得到快乐。如果你对于进一步发展感觉不对，这个阶段也是最容易结束你们关系的阶段。在考虑结婚之前，至少花上六个月的时间跟他保持男女朋友关系。

男人和女人对于性的反应是不同的。男人很容易把性跟爱分开，所以世上才存在嫖妓和赤裸裸的色情业。而对大多数女人来说，性与爱密不可分；如果在一段感情中性关系发生得太早，爱会随之跟上，但常常是盲目的。

一个男人如果跟女人上了床，他想的是："太棒了！下次我还要跟她在一起！"而女人如果跟男人上了床，她会想："这多么意义深远！我想我已经找到了我的灵魂伴侣！"而继续跟不对的男人上床，会让你在感情上把自己跟他绑在一起太久，几个月甚至几年。

所以，我的建议是，在你们没有成为"正式的男女朋友"之前，不要上床；那意味着一种排他的、有承诺的、用情专一的关系。你要准备好说这样一番话："我喜欢跟你在一起！可我比较传统。我想在我们决定把关系发展成为排他的、有承诺的关系时，再这样做。而现在我觉得我们还没到那一步。"

别急着上床，也永远不要用性的手段让男人来爱你。这么做可不只是为了表明你的高尚。你需要无性的约会来观察和评估他。如果他真的喜欢你，想要你做女朋友，他会高兴这样跟你在一起的。

跟一个新的男朋友上床，通常让女人感到脆弱。在做爱的过程中、做爱之后，不要去讨论你的感受，不要去谈论这意味着什么。不要去问："我们已经发生性关系了，以后怎么办呢？"第二天起床后，问问他想去哪里吃早餐，只当这是崭新而美好的一天。还有，女士们，一定要让他用安全套，每次都要。一个现代女性是懂得关爱自己的。

一些女人（大多是年龄稍大的）比较自信，对于性可以就事论事——那就是一个充满乐趣的生理行为，两个做爱的人赋予它多少意义，它就有多少意义。还有些女人乐于接受"互利朋友"（friends with benefits）关系，这是个很前卫的做法，就是说好朋友之间在某件事情上互惠互利，当然在这里就是指性事了；如果你属于此类，那么我觉得你去享受乐趣也没有问题。不过，记住不要声张，也要保证他也是这样。

在任何情况下都不要出于压力而跟男人发生性关系，不管是在你们第三次约会还是第三百次约会时。不要因为他突然把你带去度一个浪漫的周末，为酒店的开销买单，或因为他是你的老板（尤其当他是你的老板），而这样做，甚至不能因为他是你的丈夫。

不要就是不要，如果他真正尊重你，他会尊重你的设限，会努力创造一个让你感到安全和愉悦、有做爱心情的环境。不要跟一个在性方面给你压力的男人在一起。要找到一个能够以配得上你的方式来爱你的男人。

疑虑就意味着——"不"

最近有位博客读者问："中国女性面对的最大问题，不是怎样找到 Mr. Right，而是跟一个男人约会了好几年，他仍然不提结婚的事。怎么样才能让一个男人作出婚姻的承诺呢？"

男人本能地懂得自己是个猎头。他们自然也害怕跟错误的对象纠缠。而我们女人承担着婚姻和感情的主要风险，那么我们至少应该跟他们一样谨慎。

因此，永远不要强求一个男人让他对你们的感情负责。不要一次次地逼迫他跟你进行那种感情状态的讨论和对话。不要问他："你怎么不打电话了？"不要说："什么时候才能见到你呢？"你只需要告诉他你有多么喜欢跟他在一起，然后转身离去。不要问："我这算是什么?"或者"咱俩算是怎么回事?"或者要求见他的孩子。不要叹息,乞求,或恳求他加快进程。不要对你们的感情刨根问底。

如果这样一对一地约会了一段时间,他还没求婚,有些女人就会开始上演最后通牒。通常是这样:"亲爱的,给你一段时间向我求婚(比如三个月),不然我就离开你!"

还有些女人,为了掌握主动权,暗中"忘记"吃避孕药片,搞出蓄谋的"意外"怀孕,玩奉子成婚那一套。

不要上演最后通牒,而且在任何情况下都不要搞这种意外怀孕。靠欺骗的手段让男人作出一生中最重要的承诺,这既不道德也不公平。他或许会爱你们的孩子,但同时也会永远对此耿耿于怀。

假使你跟一个男人约会了一段时间,你觉得一切发展得很好,但你们之间却没有关于进一步发展的任何讨论,不管是一对一的约会还是结婚。难道他一点想法都没有吗?还是在等着更好的人选出现?这可不是好兆头。

跟他谈谈吧,就一次。这样说:

"亲爱的,我很喜欢我们在一起的时光,不过我感觉咱俩好像寻求的东西不一样。我想要的是更长久的承诺,比如婚姻,甚至孩子。你对这些感兴趣么?如果不是这样,我觉得我们或许应该分开,然后各自寻求所向往的东西。"

或许这个谈话会将他唤醒,意识到他爱你,不能没有你。但如果你已经告诉他你准备谈婚论嫁了,而他却不是这样,那就提出分手吧。如果他没有追你回去、向你求婚，你就无须再在这段感情上浪费时间了。要知道自己的底线，在该离开的时候离开。不要把时间花费在一个让你有疑虑的男人身上。

如果你发现自己在考虑最后通牒，或者算计着意外怀孕，那就说明：他**不是**你的 Mr. Right。婚姻对于男女双方来说都应该是主动的选择。我们不能因为跟一个男人约会了一年或更久，就认为他已然是我们的 Mr. Right。我们需要抛开把男人套住就是女人的工作的想法。唯一能够让我们在作出选择方面获得自由的做法，是鼓励男人也得到自由。当你是和你的灵魂伴侣在一起，你们两个都应该非常清楚。

奥普拉说得最好了："怀疑意味着否定(Doubt means no)"。如果你或者他对你们的感情心存疑虑，那就不要为此作出最终的承诺。你的目标绝不应该只是开始一段婚姻，而是尽最大的努力确保在你结婚的时候，你的婚姻将是繁花似锦。当我看到我周围离婚或是婚姻出问题的朋友，发现他们大多会回想起自己在结婚前，甚至是婚礼前一天的时候还心存犹豫，但却没有采取任何行动。

不要让自己为了一个 Mr. Wrong 而勉强安顿下来。你是值得被一个男人好好去爱的。你未来的孩子也应当在一个以成熟的爱情、快乐、安全、稳定为根基的家庭中长大。

当一个男人真正想要对你承诺终生的时候，你是知道的。你永远不用去想他在哪儿、在跟什么人说话。他会每天给你打电话，他会不停地想取悦你，因为他想要你的全部，每时每刻。他会想见你的朋友，会想要你见他的家人；他会对你敞开心扉，把他全部的生活与你分享。

他会为跟你在一起的每一天而感恩。野马也无法阻止他对你的追逐，想要确定你永远属于他。他会承诺用他余下的生命与你在一起，照顾你和你们未来的孩子。

Do not
marry
before
age 30

第14章　　作出自己生命的决定

千万不要让别人驾驶你的生命之车，你要稳稳地坐在司机的位置上，决定自己何时要停、倒车、转弯、加速、刹车等等。虽然可以参考别人的意见，但千万不要随波逐流。

——李开复

很多年轻恋人出于错误的原因匆忙成婚。婚姻似乎是恋爱自然的下一步，也是他们正式进入成年人行列的第一步。要么是感情让他们觉得太兴奋，或者他们只是想进入生活的下一个阶段。

年轻是幸福婚姻的头号障碍

在你20几岁的时候，如果你时常感到自己还不成熟，那是因为你的大脑**的确**还没有长成。神经医学科学家曾认为大脑在青春期后很快停止发育，但现在他们认识到，大脑的发育要到20几岁甚至30几岁的时候才会完全。

这一新的认识来自于一项大脑发育的跟踪研究，得到美国国家精神健康研究院的资助。研究对象近五千名，从他们的儿童时期开始一直跟踪到成年。科学家们发现，人类的大脑直到25岁之前都没有完全长成。这个发现连研究的主持者都感到震惊。

实际上，正是你大脑里一直在变化的那个部分，即负责长效策略的部分，负责回答"我是谁，我想怎样生活"的问题。

也就是说，现在20多岁的你将会不同于30多岁时的你——你的男友也是如此。所以，你在 24 岁的时候遇见的男友，他后来的成长方向与你不同也很正常。如果真是这样，那么减少跟他在一起的时间，去认识新的朋友吧。随着你们的不断成长，你还可以继续判断你们俩是否适合在一起。

在你 20 几岁的时候，大脑的长效策略部分还在进化，你寻找的男友只能叫做 Mr. Right Now（right now 的意思是"现在"）。等你再长大一些，才会为寻找 Mr. Right 做好更充分的准备。

生活经验的缺乏是成功婚姻的头号障碍。家庭辅导师们说，很多年轻的夫妻个性发展不够充分，缺乏解决问题的能力。在情感上，他们还不能充分做到自我理解，所以面对矛盾，还无法在不造成破坏性后果的前提下去讨论它，而往往是逃避或者爆发。

所以说，早早结婚的夫妻等于是给自己的生活设置了严重的额外障碍。来自二十几岁离婚夫妻的报告说，他们都曾对婚姻有热切而浪漫的幻想。

如果回顾关于早婚的研究报告，我们对 80 后 57% 的离婚率就不会感到惊讶了。不管你是谁、在哪里生活，推迟结婚都有明显的好处——这是宾夕法尼亚州立大学社会学家保罗·阿马托和他的同事们的观点，这座学府以大规模定量研究著称。在学术性著作《一起孤独：美国婚姻的变化》（*Alone Together: How Marriage in America Is Changing*）中，他们报告了研究发现：在年龄大一些的时候相识和结婚，会提高婚姻成功的概率。年龄大的夫妻更为稳定，关系也更亲密。因为 30 几岁的单身人士更自信、感情上更成熟，他们的结合会比年轻夫妻有更高的存活率。阿马托博士说：

我们发现推迟婚姻是件好事，它大大提高了婚姻的平均质量。相对于20几岁的早婚，30几岁的晚婚更具黏合力，因为夫妻会更加步调一致；年龄较大结婚的夫妻考虑离婚和婚姻出问题的可能性都较小。

所以——不要着急结婚。约翰·霍普金斯大学的社会学家安德鲁·彻尔林也同意这个观点。他写了《婚姻的现状：现代美国婚姻家庭现状》（*The Mar-riage-Go-Round: The State of Marriage and the Family in America Today.*）一书。他建议，为了避免陷入当今社会常见的两性情感危机，在决定跟别人生活在一起之前，你应当先多经历一些生活，对自己了解更多，先成为真正的自己。

就在此刻，你能否对着镜中的自己，诚实地对自己说"此时我很快乐，我是完整的"？如果你的回答是"我不知道"，那么就给自己机会去学习和成长吧。通过延长单身的时间，你给了自己机会成长为你想成为的女人。

推迟结婚是更睿智的表现。如今的医疗技术很先进，你活到80多甚至90多岁都不成问题，那就意味着你婚姻的决定将陪你度过超过半个世纪。那甚至比20世纪30年代的中国人整个一生都要长——那时人们对寿命的期望值大概只有35岁！

所以，不要跟一个错误的对象过早结婚，这会令你无法遇见自己的灵魂伴侣。而就算你跟对的人在一起，如果你没有准备好，你不会知道，他也不会知道。

现代男人比以前的男人顾家了，这很好。不过更有意思的是，女人在生孩子之前工作的时间越久，男人在做家务、做饭和照顾孩子方面就做得越多。如果你严肃对待自己的事业，他也会的。

而且你的时间也够。事实上，除非你打算要上15个孩子，否则就没有很好的理由要在 30 岁之前结婚。你的未来才是你唯一应该关心的，我这么说可绝对不是夸张。

晚婚会导致唐氏综合征？

为了鼓励女人早生孩子，人们总是把高龄产妇生唐氏综合征患儿的恐怖事情挂在嘴边。我们常听说，女人在 35 岁生的孩子患有唐氏综合征的几率比在 20 岁要高 5 倍。这听起来的确挺恐怖。可是呢，统计数据往往是你想让它说明什么它就能说明什么。同样的唐氏综合征的数据，我们也可以这样来看：

20 岁的女人生的孩子不患唐氏综合征的概率是 99.95%。

35 岁的女人生的孩子不患唐氏综合征的概率是 99.75%。

45 岁的女人生的孩子不患唐氏综合征的概率是 97.0%。

随着年龄增长，生出患有唐氏综合征和其他基因异常孩子的风险一直都很小，远远小于一个女人过早结婚所要经历的离婚或其他婚姻不幸的风险。

无论怎样，如果这个问题让你担忧，你应该知道：在怀孕早期的产检中，唐氏问题和其他异常都是可以检查出来的。也就是说，任何女人如果选择不要患有唐氏病的孩子，她就不会有；这跟她的年龄没有关系。

不孕的阴影是女人经常被督促早生孩子的另外一个原因。关于这一点的很多报道都可以追溯到流传颇为广泛的《新英格兰医药学报》的一篇社论，它建议女性推迟自己的事业、早点儿生孩子。社论是基于 1982 年一项法国的研究，它以一种颇有想象力的方式论证了女人在 30 出头的年纪，不孕的概率有 40% 的增长。

那个法国研究结果发表之后，在科研领域中却引起了广泛的争议。其中就包括普林斯顿大学的人口研究办公室，他们告诫说，这么一项研究会导致"没有必要的焦虑"和"昂贵的医疗费用"。

在期刊《计划生育观察》（*Family Planning Perspectives*）中，研究者约翰·邦加特斯指出，那个法国研究采用的一年的研究期有误导性，因为女性通常都要在尝试一年多之后才会成功怀孕；另外，他也指出，该研究为了排除性生活频率等因素的影响，对象只锁定了通过人工授精方式受孕的人群，这本身误导性就很强，因为通过正常的性生活，女性受孕的几率要比这项研究中的女性高得多。

就连当初的那些法国研究者们自己也打了退堂鼓。他们说自己的发现不适用于所有的女性。但是，无论是他们的退却还是其他科学家的质疑声，都没有在媒体上被广泛报道。

医疗界的评论家们曾要求撤销这篇社论，他们大声疾呼："你们怎么敢写这样一篇社论，它给人们带来多么大的困扰！"

这篇社论的作者，耶鲁医学院的阿兰·德克尼博士为自己辩护说，这项法国研究即便确有瑕疵，也比针对生育其他研究的"某些做法要好"。他说：

社论不会总以特定的事实为依据。社论是为了让人们思考。我可不会因为这项研究就改变我的生活——两方面的数据都太少了。但我们希望它能够引发人们思考，也希望这能让人们更深入地看问题。

如此轻描淡写，如此为这个给女性生活带来恐惧和烦恼的言论贴金，这真是太不负责任了！

我继续寻找真相，但我发现，即便是三十多年以后的现在，关于不孕问题的讨论仍是在以《新英格兰医药学报》社论那种简单、缺乏科学依据的方式进行着。

最大规模也是最近的研究是 2005 年美国国家健康统计中心对八千名已婚、非人工受精方式的女性怀孕的研究。研究发现：

15~29 岁的女性，在生第一个孩子之前不孕的概率是 11%，后面的孩子是 4%；

30~34 岁的女性，在生第一个孩子之前不孕的概率是 17%，后面的孩子是 6%；

35~39 岁的女性，在生第一个孩子之前不孕的概率是 23%，后面的孩子是 4%；

40~44 岁的女性，在生第一个孩子之前不孕的概率是 27%，后面的孩子是 4%。

这项研究的科学性被认为远远高于 1982 年的法国研究，而且数据也远没有那么恐怖。而即便是这个研究，采用的也是"不孕"的标准医学定义：一对没有进行输卵管结扎的夫妻，在 12 个月中未能怀孕，就被划入"不孕"的行列。

换句话说，即便是这项不孕率低了很多的研究报告，也没有考虑这样的事实：30 几岁夫妻的性生活比 20 几岁的夫妻要少，而且很多夫妻是在 12 个月之后怀孕了的。而这两项重要因素对于整体研究数据的影响，以及女性怀孕的能力究竟何时发生、怎样减退，可以说还无人知晓。

毋庸置疑，女性在三四十岁的时候生育能力会逐渐下降。但没有人知道在哪个年龄这一过程开始加速、发生的速度又有多快，不过显然它比通常人们大肆宣扬的要晚得多。

为了自己，为了你未来的孩子，在你匆忙进入一段感情之前要好好想想，进入婚姻之前要好好想想，而准备要孩子之前更要好好想想。我的意思并不是要你等得越久越好，而是你在作出生命中重大的决定之前，应该对那些被普遍接受的教条好好思忖一番。

拿我来说，我在 39 岁和 41 岁两次怀孕都毫无问题，我的两个孩子出生时健康而美丽。尽管我对自己的人生并没有如此计划，我仍然很感恩于自己没有很早结婚生子。由于先给了自己更好成长的机会，我现在才会是一个更好的女人、更好的妻子和更好的母亲。关于年龄大一点再做父母的乐趣，著名的亲子专家维基·帕纳希恩博士清楚明白地道出了我的心声：

年轻的父母还要去经历很多的人生，可能会对要孩子给自己带来的限制和责任愤愤不平。年龄大一点的父母往往更倾向于稳定下来，专心享受做父母的乐趣，而不会觉得自己"错过"了其他经历。他们的生活往往更富足，他们与另一半、孩子以及生活打交道的经历总的来说也更有意义、更积极。

年龄大一点的父母往往在经济上、事业上都更稳定，而且他们已经完成了学校教育，这就意味着在时间分配方面的冲突会比较少，因为他们不需要在学校、家庭、工作之间游移奔波。他们也许还有能力提前退休，或者在已经很安稳的工作中拥有更大的灵活度，这都会令他们有更多时间与孩子在一起。

最后，年纪大一点的父母往往拥有更稳定的婚姻，因为他们要么是已经在一起很长时间，要么是在相遇的时候已很清楚自己想要怎样的人生伴侣。他们彼此沟通的能力更强，更懂得妥协与达成共识的重要性。在抚养孩子方面，这一点至关重要。稳定的双亲关系能够给孩子以更大的稳定感。此外，在人生较成熟的阶段发展出来的感情往往更富有激情……而富有激情的伴侣会成为更好的父母。

老爸希望你被一个 Sugar Daddy "收养"

很多读者写信告诉我，他们的父母想要替他们决定跟谁结婚。下面的问题来自一位男性读者：

Joy，我跟前女友相处快一年了。我的父母不同意我跟她在一起，因为他们嫌她家庭背景不好。所以我们分手了。但说实话，我真的很爱她。分手的时候，我哭了，她也哭了。过了一段时间，舅舅打电话和我说，他有个朋友家庭蛮富裕的，有好几家工厂；家里有个女儿，是个独女。父母对我说，感情可以慢慢培养，对方家庭背景那么好，希望我做个好儿子，跟这个女孩子结婚。我该怎么办？

下面这段来自一位女性读者：

我的一个朋友一心想嫁给她真心爱的男人，想了很久，但她父母一直不同意，也不允许她这样做。所以她嫁给了另外一个人，不久就离婚了；她的想法就是，离婚后她就"不值钱"了，她的父母即便不愿意也得接受她选择的婚姻了。这惹起了很多的非议，她妈妈难过得都不行了。

这些都是比较极端的困境。在我们的社会中，数千年来，婚姻的考虑是为了更大群体的利益。一个女人婚姻的出发点不是爱情或寻找伴侣，而是家族的利益。富裕的家庭会通过子女婚姻的策略来稳固自己的财产，集中更多的资源，建立更强大的政治联盟，以及达成某种和平条约。婚姻的目的是为了维护血统和稳定，女人活着只是为了取悦别人。

你的父母或许会，也或许不会把你的婚姻看做一项家庭策略。不过，像绝大多数父母一样，他们仍然会为你操心。你是他们的掌上明珠，所以他们才会希望把你早点嫁掉，最好是嫁个有钱人。最理想呢——你未来的丈夫是一个百万富豪、大厨加美食家、家庭医生、多国护照持有者。你的父母希望你拥有安全稳定的生活，这样他们百年之后也能够安心了。老爸希望你安全地被一个有钱的 Sugar Daddy "收养"。

数千年的历史和文化惯性，如风暴般裹挟着现代中国女性。而这个风暴的核心问题，就是该由谁来决定我们是否结婚、什么时候结婚、跟谁结婚。而处于这风暴中心的，是你和你的父母。

对这个问题，我苦苦思索了很久，但怎么想都只能得出这样一个结论：作为一位现代女性，意味着必须由你自己做出婚姻的决定。

我这样说绝对不是信口开河——这是你整个一生中最重大的决定，而受这个决定影响最大的人不是你的父母，而是你自己，还有你将来可能会有的孩子。

婚姻的决定在你跟父母关系的整体发展过程当中是一个里程碑。事实上，随着你变成熟，你生命中发生变化的最主要的关系就是你跟父母的关系。在脑子里，你需要从新的角度看待他们了。他们也需要从你生活中的"掌权者"转变为你身后亲友团的一部分，这个亲友团包括你的朋友、同事和周围每一个人。如今你们都是成年人，这种新的关系会让你们之间更亲密、更像朋友。

不要一味地反抗。单纯地对抗甚至要比简单地顺从他们的期望还要糟糕。他们总归比你有更多的经验，能提出有价值的意见，所以让他们来爱你、帮助你，也听听他们的想法吧。

但是，无论你在经济上是否独立，你现在都百分之百地要对自己的生活负责。这也意味着你不该再因为自己生活中的不如意和压力去埋怨他们。他们已经完成了自己的使命，现在你已经正式成年，你该对自己负责了。

独立意味着走出父母的羽翼

那么"独立"究竟意味着什么呢？事实上，"独立"一词本身就暗指从父母身边独立出来，因为正是脱离了父母的影响才意味着独立。你自己决定如何转变自己，让自己不再是父母的影子。

要学会把父母不只看成你的父母，要看做普通的人。他们不再是你曾认为的那样无所不知、无所不能。

父母只不过是有了孩子的人，他们也是人，有人的能力也有人的弱点。他们也有自己的问题，或许跟你所面对的问题也没有太大的不同。他们或许不是最完美的父母，但他们应该已经为此竭尽全力了。

同样的，父母也需要学着重新认识你，把你当成独立的个体，而不仅仅是他们的孩子。对他们好一点。他们同样需要适应变化，这个过程对他们来说也很艰难，可能比你更艰难。他们在过去的 20 年中无微不至地照顾你，也许对于要求独立你自己觉得没什么，可对他们来说却很突然。

当我初为人母的那一刻，看到眼前的小宝贝，我喜极而泣，跟电影里演的一模一样。但我的眼泪里也包含着另一种我不曾预料的情绪：恐惧。我想到"天啊，我该怎么保护这个弱小的生命，保证她的安全?"那时我意识到自己完全不懂怎样成为一个母亲。

最近，我居住的小区附近发生了一起可怕的事故。一位母亲出门的时候没有把门关严；她坐进车里，开始倒车——结果轧死了悄悄跟在她后面出来的两岁的女儿。

这则消息在当地报纸上只是一个摘要新闻，没有图片。但我读到这则消息的时候，脑子里立刻重现了事故的画面，像恐怖电影里的慢镜头一样。接下来的好几个礼拜，这个画面继续在我的脑海里盘旋。它触动的是每一个父母心底最深的恐惧。

为人父母，你就想要孩子们安然无恙，你无时无刻不在惦记着他们。为了孩子的幸福快乐你什么都能为他们做。

我跟你们讨论这件事，是因为在你跟父母之间关系的发展过程中，学会对他们有同理心非常重要。要知道做父母就意味着每天都提心吊胆。

作为母亲，我面前的路还很长；但我知道，终有一天我要放开双手，让我的女儿们去探索这个世界。而对于那一天的到来，我内心是希望和恐惧并存的。

那一天到来的时候，我得去相信他们自己的决定，尽管我很希望她们在很多事情上能来问问我的意见。迟早有一天，我知道我要体会做父母最难的部分——对孩子们放手。

在回顾自己的癌症和生命的时候，史蒂夫·乔布斯说：

时间有限，不要浪费在活在别人的生活里。不要被教条所惑——盲从教条是活在别人的想法里。不要让任何人的意见淹没了你内在的心声。最重要的，要有跟随内心和直觉的勇气。你的内心和直觉已洞悉你真正想要成为什么样的人。任何其他事物都是次要的。

作为女人，我们成长的过程也是将自己的精神、感情、心智从周遭的压力中分离出来的过程，现在到了你设定自己的标准，并按照这些标准生活的时候了。

30岁前
别结婚

Do not
marry
before age 30

第15章　　爱这个世界

与其诅咒黑暗，不如点燃灯火。

——柴静

最近在广播里，我听说了一种"非同凡响"的业余爱好。爱好者们全部是男性，他们改造旧车，把窗子全部封起来，拆掉座椅，将车内空间装满立体声音响，功率大到绝对可以把人耳朵震聋。

爱好者们在比赛的时候，每位选手坐在自己车里，戴着耳机保护自己的耳朵；他们先把车开出三米远以示汽车工作正常，然后停车，把音响的音量调到最大；车内放置一台仪器测量车内音响的分贝数，谁的车音量最大谁就胜出。

电台记者去参观了一次比赛并采访了获胜者，也替咱们大家问了个问题："话说，这辆车你开着带女孩子约会都不灵，而且这音响也根本没法听，那你花上这么多的时间、这么多钱，到底是**图什么**呢？"

你知道那男人怎么回答的吗——"就图这个：我现在终于可以说在一件事情上我是老大！"

这也太雷人了吧！听到这个的时候，我觉得这毫无意义！

可事实是，人们很容易沉迷于无聊的比赛——比金钱，比成功，比出名。我知道我肯定也曾经这样过。

读者有时候会问我："生活的意义是什么？"

这显然是个很个人、很主观的问题。

我相信，作为人类，我们对爱的向往与生俱来；我也相信，我们每一个人都属于一个更大的整体，为了获得真正的快乐和意义，我们必须把自己融入那个整体。为此，我们努力让这个世界变得更美好。只有与他人合作、帮助别人，我们才会感觉到精神上是健康的、能够体会到为人的快乐。我们得做好事才会有好的感觉。

听起来是不是太理想化了？

毕竟，如果每个人都表现得很自私，我们却很无私，那我们不成了傻瓜？一位读者就曾这么问我：

在中国，剧烈的社会经济变革带来了整个社会范围内人们方向的迷失。许多好的价值观消失了，人们崇尚拜金与挥霍。父母为了我们的成功作出了牺牲，那么我们是应该专注于成功还是专注于改变世界？

问得真好。这个问题也让我挣扎过。

美国政治中的"公地悲剧"

在成为洛杉矶市政厅的一名官员之后，我很快就被流过它大理石走廊的金钱和权力的数量级给惊呆了。这个城市每年需要 100 亿美金来保证整个城市和与它连接的机场和港口的运作。我们当时还计划扩建 LAX 机场，那又是另外的 110 亿美金。我们那已经有数十年历史的供水、供电系统需要不停地修缮；我们的市内铁路系统也总是需要新的隧道、新的车厢；市长和五万名政府公务员需要气派体面、标新立异的办公大楼；不要忘了，我们还有数百亿的养老基金需要进行投资、无数市政相关的责任需要授权。

有这么多钱要花，于是引来了无数的建筑公司、投资银行，以及世界各地、各种各样的公司，它们垂涎于市政合同，也愿意给那些把钱花在它们身上的市政府官员们一些回扣。

给回扣可用不着拿信封装上现金递来递去，那既不体面，也会让每个人坐牢；回扣的形式是竞选期间的合法捐赠，或者给政府官员的配偶或子女安排的工作或实习机会，或者是在政府官员卸任后聘请他们做个顾问什么的。

很多官员离开公职后，去做了"说客"，即通过内部渠道帮一些公司拿到政府合同，而他们自己也获利颇丰。在美国政界，我们甚至为这种从政府内部官员到说客角色的转变取了个专门的名字——"旋转门"(the revolving door)。

事实就是如此——如果你是美国某个大城市的一名高官，个人的财路俯拾皆是。

这也给了政府高官们思考生命意义的契机。在金钱与权力的洪流中工作，你无时无刻不在面对道德灰区。通过每天你做出的大大小小的决定，你在定义着自己，也定义着你理想的、值得生活其间的世界。

这种形式也造就了经济学家们所说的"公地悲剧"：如果一个镇子里住的全是农民，市镇公地上又长满了草，那么每个农民都会欣然将他们的牛赶到公地上而不是在他们自己的草地上放养；即便是公地草场由于过度放牧而衰败了他们也不管——因为反正每个农民都从公地草场获利，那么对公地的破坏就由大家均摊了。

这可类比美国政界里金钱的腐蚀作用。老百姓努力劳作，向政府纳税；这个政府本该为老百姓服务，但是，随着时间的推移，政府官员开始拿后脑勺对着老百姓，转而为自己和能让自己捞钱的公司服务去了。腐败可谓是系统性的。

这样的境况足以让任何一个理性的人感到愤怒、无助和绝望。我有时的确会问自己：一个人能改变什么吗？如果改变不了，还费那个劲干什么呢？

坦率地讲，"公地悲剧"的确让我迷茫。当别人都忙着腐败，我为什么要洁身自好？我怎么就不能利用这一机会让**自己**也悄悄发点儿财呢？如果我不去公地上放**我的**牛，那我是不是成了傻子？更何况，由商从政，我的收入可是减少了的；凭什么我为人民服务，反倒要在经济上受损失呢？我怎么就不能替我的父母、我未来的老公和可能有的孩子们考虑考虑呢？（公关锦囊：如果一个人犯了错，打出一个"为了家庭"的旗号总是不错的。）

这就是我在进入市政厅后，看到人民公仆所面临的诱惑扑面而来，脑子里的不是滋味。

做副市长的时候，我负责经济和生产力发展。于是上任伊始，我就召集了一项关于本市成年人教育水平的调查。这个调查史无前例，而我们的发现连研究的牵头专家都感到震惊。尚在劳动年龄的成年人中，有53%的人甚至不具备用英文看路标和公共汽车时刻表，以及填写工作申请表格的能力；这个比例要高于美国任何其他大城市。我猜这比中国任何一个大城市也要高。

虽然洛杉矶以世界上最迷人的都市著称，但实际情况是，如果你根据财富的多少画一个城市居民结构图，你会发现明显的财富一边倒。我们这里 "光鲜人群"的数量远不及来自中美和南亚为逃避贫穷和匮乏而移民来此的人。移民们做的是园艺工、洗碗工和建筑工。在这一点上，洛杉矶跟纽约可不一样。移民到纽约的人大多是坐飞机去的，而移民到洛杉矶的人大多是走着来的。我们的移民不光穷得多，而且走投无路。许多人不具备识字能力——不管是英语还是他们的母语。

文化水平偏低为这些市民和他们的家人带来了连锁反应。不难想象，文化水平低的人收入也低，因为好工作要求的文化水平也高。这些人连上街都成问题，而且他们的健康状况普遍糟糕。

这让他们在衣食住行这样的问题上都备受挑战。而我发现，文化水平的低下也同样给他们的精神和感情生活造成了痛苦。

他们的经历让我回忆起自己在美国的童年，那时我也觉得自己没有母语。我从课本上学习英文，但学的却是一些事实和数字；在家里我们说中文，所以我还知道些食物啊、家居物件之类的中文词儿；可是我们极少谈论感情，于是我也不知道怎么用中文来表达自己的感受。我是个既不讲中文也不讲英文的女孩儿。我堆积在心底的那些感受，无论是我的汉语还是我的英语都不足以表达。我说不出这让我感觉多么痛苦和挫败。每一年，我的灵魂都变得更狂野、炽烈，也越发痛苦：我没有办法跟这个世界沟通，甚至连跟自己沟通都无能为力。

于是我开始大量阅读，通过读别人的故事来学习。我如饥似渴地读着英文书籍，通过伟大的作家和他们想象出来的人物，进入丰富的感情世界。正是通过他们的文字，我获取了自我表达的语言。后来我去了杜克大学，在那里我受到充分的人文和社会科学教育。我贪婪地汲取着各种学科的知识，从人类学、比较宗教学，到各种文化和时代背景的文学。杜克之后，我去了加州大学洛杉矶分校，学到了商科和城市规划的广博知识。

我得到的教育教会了我思考。如果不是学会了思考，我就无法取得后来取得的一切成就。而学会思考的前提，是我先学会了用于思考的语言。

所以，当城市的文化水平问题如此触目惊心地摆在我面前，我不由得为我的邻舍们基本的人性因低文化水平饱受摧残而动容。我无法想象，我连一本好书都读不了会怎样；我无法想象，自己路过一个新闻告示，对印在上面的文字充满恐惧；我无法想象，当我的孩子的识字能力超过我时该有多尴尬；我更无法想象，我连自己孩子的功课都辅导不了。

这就是为什么我如此热衷于教育事业的原因。帮助人们获得读写能力，不光意味着帮助他们获得经济和物质方面的保证，更是给了他们一把打开自己人性枷锁的钥匙。我创立的提高读写能力和上大学的课程计划后来得以在全加州复制，并造福了超过十万个家庭。

而每一次我为这个世界做了一些事情，我得到的都远远超出我付出的。

追求成功还是改变世界？

所以，对于问我是要追寻成功还是要改变世界的博客读者，我的回答是：不要认为这两件事非此即彼。你可以两个都要。为了让世界变得更加美好，你不一定非得做个穷人；你也不用非得先等自己有了金钱和权力再去改变世界。

作为人类，我们脑子里是有追求意义的程序的。而意义不是来自于金钱。伦敦商学院的教授加里·哈梅尔这样讲，"作为情感的催化剂，财富最大化缺乏充分调动人类能量的能力。"

意义来自于做有价值的事情。正如史蒂夫·乔布斯对我们的劝勉，我们需要"在宇宙中留下声音"。真正的成功人士懂得通过资源配置，成就更有价值的事业。

这个世界充斥了各种问题，我们很容易为此感到悲观绝望。任由这些问题恶化也很容易，你只消照顾好自己和你爱的人，其他的任其自生自灭。我们很容易只顾想着我们没有什么，而忘了自己拥有的一切。就像我在美国的成长，在这个全世界最富有的国家，我上了最好的学校，而我满心渴望的却是自己是个白人；就像我二十几岁在洛杉矶，我自由、富足，身边友情围绕、四处游历探险，而我想要的是——更多，更多的权力，更多的金钱，更多的特权，总之更多一切自己还不曾拥有的东西。

事实如此：这个世界完全谈不上公平。这世界上有数十亿人——真的是以十亿计的人——会很乐于得到我所得到的一切，比如贫穷国家的人们，或者美国那些缺乏基本技能的人们。而我并不比他们更配得到这一切。

所以，我能够表达感恩的方式，就是为这个世界做一些有意义的事情。

我们共存于这个世界。为了获得快乐和有意义的人生，就要去试着引领这个世界做出改变。

人们说，美国人总想着改变世界，而中国人独善其身。但我看到的事实却是恰恰相反。作家、艺术家们发出的美好声音憧憬着更好的中国，总是让我不断地被感动。我看到灾难救援、儿童福利院以及其他志愿者们在中国各地不断涌现；我看到人们自发而又自然地在寻找让自己所在的团体变得更好的途径。

改变世界是非常非常有意思的事情。正如谷歌公司新加坡的美籍华裔工程师 Chade-Meng Tan 在联合国精彩的 TED 演说中所讲的那样，"同情不是杂事，同情是能够创造快乐的东西，它非常有趣！"

在他的演说中，Meng 为我们讲述了世界上最快乐的人，马修·理查德，一个和尚，也是一位颇有名望的法国哲学家的儿子。当神经医学家们通过大脑的活动来衡量快乐感觉的时候，他得了最高分，成为了世界上最快乐的人。

这让人不禁琢磨：他被检测的时候，脑子里在想什么呢？是不是些淘气的想法？不，实际上他在想同情。因此说，同情是最快乐的事情。

而且，同情心也造就了更有效率的商业领袖。同情心减少了我们通常都会有的自我沉迷的倾向，这是因为，用 Meng 的话讲，"同情心的认知和情感成分是理解和同情他人。"同情心构成了我们领导力的先决能力——同理心。

当你面对生活的角度是与他人有着丰富联结，你的作为会有更多的成就。当你与这世界分享自己，你得到的永远比你付出的多。

为了发现你内心的声音，做些创造吧。为了给你的生活注入意义和乐趣，为了提高你的领导力，为别人做些好事情吧。扎实地作出努力，为这世界创造出一些有价值的东西来。

我们可以从靳羽西女士身上获得这样的领悟。羽西是这世界上最美丽的女性之一，但羽西更令人折服的是她内心深刻的人文情怀。在超过三十年的时间里，作为畅销书作者、新闻工作者、商业和文化领袖，羽西令我们倾倒；她用她的正直、品格和远见改变了世界，她全身心地投入托举现代中国女性心灵、成就现代女性生活的事业。

迄今为止，羽西已经取得如此令人瞩目的成就，完全可以坐享其成了；但她却没有停下脚步，还在不懈地努力，以她所有的声望和影响力，为这个世界源源不断地注入它所需要的一切：美丽，荣誉，品位，时尚，还有爱。由于她的存在，世界变得更美了。

让世界通过你的婚姻状况来定义你，那早就**过时**了。让自己成为一个令人瞩目的女人吧，创造一些有价值的东西，用你与众不同、绚烂夺目的贡献来震撼世人。而那才是你**自我**真正的体现。

你非同寻常的创造会产生魔力。当你释放自己的创造力，创造了一些很真实而真诚的东西、发自你内心的、能够帮助他人的东西，而且跟世界分享它们，就会出现"奇迹"。

你的生命中会出现新的朋友——那些从你的创造中看到了自己影子的人，那些喜欢你所做的事情、在创造之路上与你同行的人。

他们会给你带来很多意想不到的新的机遇，对他们、对你都几乎是量身订造的机遇，而如果仅靠一己之力，你绝对不会想到有这样的机遇。于是你们一路同行，做到了只有团队才能达成的事情。这就是在我身上发生的事：我的 Global Rencai 博客为我带来了本书"致谢"部分中除了我家人之外的所有朋友。

随着时间的推移，随着你将社会套着你的枷锁一个个打破，你将得到更多之前从未想象会得到的东西。你将得到你想要的一切，你将成为创新中国的一分子。

而终有一天，会有记者把麦克风举到你面前，问你："有人说中国人只会钻牛角尖儿！可你是怎么创造出这么特别的东西的呢？"

而你会从容回答："一切随心而至。"

你好不好，和你跟几个男人上过床无关

看到这个标题，你可能会想：**什么**？我们刚刚不是在谈论生命的意义么？怎么一下子跳到跟几个男人上床这个话题上来了？Joy 是不是突然失忆了？要么就是这本书的页码给搞错了?!

一切正常，没有错误。我要说的就是：对一个女人的评价，跟她曾经和几个男人上过床没有任何关系。

最近，我跟一个北京朋友聊天，这个朋友刚参加了一个聚会，聚会上有个男人这样讲：

如果一个女人跟超过三个男人睡过觉，而我跟她结了婚，那么如果日后我跟别的女人上床，她就不能指责我。

这段话让我一直忘不了。它描述的是这样一个世界：女人只不过是男人的性对象；男人建立所有的规则，女人除了服从这些规则之外别无选择；对女性的虐待和贬低是正常的事情；人与人之间的关系就是相互利用；一个冰冷、残酷、没有爱和人性的世界。

而我们又身在何处呢：我们身处人类历史上这样一个奇特而令人兴奋的时代；在这个时代里，沙文主义仍旧在一些地方横行，但要明白，作为女人，我们跟其他任何人拥有同等的权利，让自己有尊严地生活。

让我们来明确这一点：性与道德无关，道德也与性无关。与道德有关的，是我们能否以善良、公正和有同情心的方式对待周围的人。

当我们善待他人，我们的行为就是道德的；当我们错待他人，我们的行为就是不道德的。若以此为准绳，前面那个男人所讲的话就是不道德的。

作为女人，我们必须转换看待自己的镜头：我们绝不只是性的对象，或者未来的妻子、未来的母亲，或者女儿、妻子或母亲。战胜沙文主义的唯一出路是无视那些规则，代之以跟我们自己和周围的人建立真正的联系。

该看我们的了

女士们，不要彷徨。我们是时代的新锐先锋。为了现在的生活，我们学了太多，做得太辛苦，也牺牲得太多。这是历史的特殊时刻，也是我们生命的特殊时刻。

我们无可损失，但尚有无限可能去尽情掌握。

挽起手来，我们将创造历史、所向披靡，把我们的社会从一个有等级的社会，推向无限可能。

我们可以成为这个闪亮新社会的规划师和建筑师，在这个崭新的社会里，规则由**我们**来定；在这个社会里，女性可以追求成就，男人也可以好好去爱；在这里，恋人不再殉情化蝶，男女都像蝴蝶一般自由飞舞；我们可以好好发掘自己的人性，小孩子从出生起便有自由的灵魂。

由于我们的引领，中国将变得更加美好。

创造任何新事物的行为，在本质上都是创新的、即兴的创作；它始自熟悉，却面向未知，一如所有的艺术和科学。我们并无范例可循，一切都要靠自己。运用我们的想象力吧。

致 谢

两年前，在我刚刚开始 Global Rencai 博客的时候，本书的策划人汤曼莉女士——汤汤——就想到要我写这样一本给中国女性的书，而当时我并不认为自己能写书。汤汤"引诱"我接受了这次创造性的尝试，并一步步地鼓励我把它变成了现实。

在我将脑子里模糊的想法一点点厘清并形成条理的过程中，周林燕女士一直协助我做各种研究，她是我思想上的伙伴。林燕的心灵和头脑都是那么的美丽，而这本书也从这份美丽中受益匪浅。

在这本书的写作过程中，张莹莹、孙令仪、王彦婷、张颖、覃函涵、邓君、陈昊东、王娟娟、宋晶晶对书稿提出了宝贵的意见。他们个个都是志向远大的青年才俊，我相信这世界会看到他们未来的精彩表演！

我并不是一名职业作家，而本书的译者王剑波女士也不是一名职业译者。我们只是对文字拥有着同样激情的两个女人，我们一起为两种语言的精妙繁复时而绞尽脑汁、时而得意洋洋。剑波让我的心灵歌唱；而本书中文文字当中流淌的美妙音符体现了剑波惊人的才华，以及她对我无数次修改的超凡耐心。

而本书之所以能够问世，我的丈夫 Dave 居功至伟。为了本书的写作，我暂停了猎头的工作，Dave 于是一力支撑起了全家的生活。更让我感动的是，无数次我对孩子们说"现在不行，妈妈在写作"，Dave 就义无反顾地做起了双料爸爸。Dave 总是那样鼓励我追寻自己的梦想，而且我的两个小女儿 Pip（德贝恩）和 Lila（德莱恩）也在他的关爱下梦想得以萌芽。如果说这本书关乎梦想和真爱，那么对我来说，我的 Dave 就是真爱和梦想的化身。

最后，我要感谢 Global Rencai 的每一位忠实读者。是你们从一开始就给了我源源不断的灵感和支持，是你们用双手将我托举。亲爱的读者们，这本书也属于你们。

Dave有话说

我和 Joy 第一次见面，是在洛杉矶一家不大的海滨餐馆。我一下就被她身上那特别的魅力迷住了，那是一份因她的热情和调皮而愈发动人的美丽。那一晚，我们聊了好几个小时。当时我就有种感觉，我的生活会因为这个体态娇小、内心强大的中国女人而永远改变。

一年后，当 Joy 嫁给我，她让我成了世界上最快乐的男人。

对我来说，Joy 是最完美的女人；不过在一些男人看来，她或许并不符合理想妻子的标准。特别是这么几点：

1. Joy 对运动一窍不通。我是个热爱运动的人，可 Joy 不是。我们刚见面时，我企图使用激将法，于是跟她说，她绝对属于全体美国人当中对运动所知最少的那2%。不过她可不吃这一套。现如今，她仍然会把旧金山巨人（棒球队）跟我的纽约巨人（橄榄球队）搞混；而对于任何一项团体运动项目，她都搞不清分数是怎么计算的。在这一方面，我已经对她不抱任何改变的希望了。

2. Joy 不会做饭。一点儿也不会。所以当我读到她在 20 几岁吃了不少泡面的时候，我发笑来着。当然那是因为泡面很便宜，不过还有个原因，那就是吃泡面只要会烧水就行了。迄今为止，4 年过去了，我们已经有了两个孩子，她还是**有点儿**进步的——她会炒鸡蛋了！而且，她还会做冰淇淋了：她会把牛奶、糖和鸡蛋一起放到朋友送我们的那台高级冰淇淋机里。会做冰淇淋能算会做饭不？

3. Joy 料理家务也不够手巧。我们约会的时候，有一次她要我去她在市区的漂亮公寓里修一个坏掉的什么东西。我问她有工具箱没有，很出人意料——她有！而不出意料的是，那个工具箱看起来像博物馆的陈列品，15 cm x 60 cm x 10 cm，很深的天鹅绒般的红色，平整光亮；没有半点凹痕和污渍，当然也没有半点用过的痕迹。里面躺着一只孤零零的榔头。没有改锥，没有扳手，没有卷尺，也没有钉子。我当时很纳闷儿："没有钉子，要榔头干什么？"她的回答是："那个挂画框的工具组件里头倒是有钉子，可是里面没有榔头呀。"

可想而知，肯定有些人觉得娶 Joy 做妻子挺不现实的。她显而易见地非常能干，但也明显地有所欠缺。她会专注于一些事情，也会彻底忽视另外一些事情。她就是独一无二的她自己，一个充满激情、脑子里总是有很多想法的女人；一个梦想家。

当 Joy 开始写 Global Rencai 博客的时候，我觉得那是她为创造力找到出口、跟年轻人巧妙联结的绝佳方式；对她的猎头事业不错，对这个世界也是件好事。

可是后来，汤汤要她写书，这就让我开始担心了。

再后来，Joy 想暂停猎头的工作去写书，这就让我更担心了。

钱怎么办？

我们的家怎么办？

我怎么办？

当时情势更为不妙的是，美国正在出现大规模的经济衰退，而我所在的房地产行业也深受其苦。我刚刚完成两幢大楼的翻新，房价就开始下滑，所以我正竭力想要在经济衰退殃及这两栋楼之前，促成买卖的成交。

而这给我们、特别是给我造成了很大的压力。但是，这本书的写作对 Joy 来说显然意义异常深远。我猜，当你爱上一个人的时候，你所需要做的调整对你来说不会太难，因为你会发自心底地想去支持你所爱之人的每一份追求。对于 Joy，我实实在在就是这么觉得的。

于是，一年前，我同意为我们的家庭付出双倍的辛苦，让她停下事业去写书。

一开始，事情就明摆着：Joy 不可能在家里写作，因为两个宝贝会一刻不停地缠在她腿边。于是我们在附近为她租了一间办公室。这意味着，我有时需要早点下班回家去照看两个女儿。回想这一年，我很高兴有额外的这段时间跟女儿们在一起，很多当爸爸的可从来不会有这样的机会。

而 Joy 的写作也不限于正常的工作时间。她是随时都在写。很多次，我在午夜醒来，看到 Joy 的脸被手机的灯光照亮，她用拇指在她的智能手机上记录着一些写作的笔记。我曾试图定个在卧室里不许用手机的规矩——可你们现在也知道了，Joy 哪是个肯轻易服从规矩的人呢。

过去的一年中，有时我的确心存疑虑。我怀疑这不过是一项个人的创造活动而已；我怀疑是否有人愿意读 Joy 这本书；也怀疑这本书除了对 Joy 本人之外，对别人是否有什么意义。我甚至怀疑，将来我们回头看这一年的时候，会不会觉得是个浪费。

而与此同时，我看到 Joy 跟她博客的读者们如何连接起来；我看到他们在见到

Joy 的时候眼睛会一下亮起来；我看到 Joy 在他们和他们朋友的生命中播撒的愉悦；我看到 Joy 拥有的特殊禀赋，以及用文字的力量来触及生命的这一特殊机遇。

Joy 是个不寻常的妻子。她的生命中拥有着非同寻常的经历，而在她生活的全部轨迹当中，她曾面对如今所有女性都会面对的很多挣扎。把那些个人的挣扎写出来是需要勇气的，所以 Joy 的创造让我感到非常骄傲。

作为生活伴侣，Joy 的美好令人难以置信，更是不胜枚举。感觉我们好像总是在一起说着笑着，不管我们是走在纽约的大街上，还是在家里收拾孩子们散落一地的蜡笔。我们的每一天都充满新意。

我们的女儿们就是看着这样一位面对生活能够举重若轻、从容优雅的母亲而长大。在世人眼中，Joy 或许是个思想者和领导者；但在家里，我们看到的是她私底下的另一面。她让我们的家里充满了爱和欢笑。我们身边不断出现更多能够分享我们的愉悦、也为家里带来更多愉悦的朋友和他们的家人。我们的生活也被这样一些为这世界做着了不起事情的男人和女人们的爱和友情所围绕。而在这样环境的滋养下，我们的女儿们也开始像小花一样绽放自己独特而美丽的光彩。

男士们——我知道你们在偷偷地看这本书，因为这是一本揭示女性神秘世界的、最值得一读的书籍。我要给你们一个忠告：四处约会总归好，不过当你要寻找生活伴侣时，**成熟的女人才真是好。**

Joy 的补充：

女士们，你们根本用不着准备工具箱。有什么东西需要修理吗？可行方案是：给一位男性朋友、你的男友或是老公打电话叫他来。男人很可爱的——他们特别喜欢给人帮忙!

关于生活，我还没有找到全部答案，但在 Dave 这里我找到了非常重要的一个答案。我深深感恩，在我面前完整的第二次人生中会一直有他陪在我身边。

我衷心祝愿你们得到所有的美好。祝愿你们能够走出去，看清楚自己是谁，并在生活为你准备的一切中感受那份愉悦。

参考文献

Introduction

[i] Shanghai SHWANDA.net company, "The Divorce Rate of 80's Generation is as High as 57%", 22 October 2010, *http://www.shwanda.net/knowledge/13.html*.

[ii] Yun Zhou and Qiang Ren, "Longevity Among Chinese Consanguines", in *Longer Life and Healthy Aging*, Yi Zeng, ed. 2006.

[iii] James Birrin, "The Process of Aging", in Alan Pifer and Lydia Bronte, eds., *Our Aging Society: Paradox and Promise*. 1986.

[iv] Carolyn G. Heilbrun. *Writing a Woman's* Life. 1989.

Chapter One

[i] Alison Damst, "For Chinese Women, U.S. MBAs Are All the Rage," *Bloomberg Businessweek*, May 2011.

[ii] Susan Faludi. *Backlash: The Undeclared War Against American Women*. 1992.

Chapter Two

[i] Daniel Akst, "Roommate not Wanted", *The Wall Street Journal*, 29 January 2012.

[ii] Sam Roberts, "51% of Women are Now Living Without Spouse", *New York Times*, 16 January 2007.

[iii] Shanghai SHWANDA.net company, *op. cit.*

[iv] Kathleen Gerson. *The Unfinished Revolution : How a New Generation is Reshaping Family, Work, and Gender in America.* 2009.

Chapter Three

[i] Hara Estroff Marano, "Marriage Math," *Psychology Today*, published 16 March 2004, last reviewed on 23 July 2010.

Chapter Four

[ii] Shira Offer and Barbara Schneider, "Revisiting the Gender Gap in Time–Use Patterns: Multitasking and Well–Being among Mothers and Fathers in Dual–Earner Families", *American Sociological Review*, December 2011, *http://www.asanet.org/images/journals/docs/pdf/asr/Dec11ASRFeature.pdf.*

[iii] *http://www.shwanda.net/knowledge/13.html.*

[iv] "What is Your Mom Worth?" *Salary.com*, 2011,

http://swz.salary.com/momsalarywizard/htmls/mswl_momcenter.html.

ᵛ Gloria Steinem. *Doing Sixty and Seventy.* 2006.

Chapter Five

ⁱ Mihaly Csikszentmihalyi, "The Creative Personality", *Psychology Today*, published on 1 July 1996, last reviewed on 13 June 2011.

ⁱⁱ Elizabeth Debold, "Flow with Soul: An interview with Dr. Mihaly Csikszentmihalyi", *Enlightenment Next*, Spring–Summer 2002, *http://www.enlightennext.org/magazine/j21/csiksz.asp.*

Chapter Six

ⁱ Joseph L. Bower and Clark G. Gilbert. *From Resource Allocation to Strategy.* 2006.

Chapter Seven

ⁱ Tal Ben-Shahar. *Happier: Learn the Secrets to Daily Joy and Lasting Fulfillment.* 2007.

Chapter Eight

ⁱ Mike Rudin, "The Science of Happiness", *BBC*, 30 April 2006, *http://news.bbc.co.uk/2/hi/programmes/happiness_formula/4783836.stm.*

ⁱⁱ "With Age Comes Happiness, University of Chicago Study Shows", University of Chicago press release, 16 April 2008, *http://news.uchicago.edu/article/2008/04/16/age-comes-happiness-university-chicago-study-shows.*

Chapter Nine

i Tania Branigan, "Manager becomes first man jailed under Chinese harassment laws," *The Guardian*, 16 July 2008.

ii *http://blog.penelopetrunk.com/2006/11/02/dont-report-sexual-harassment-in-most-cases/.*

Chapter Eleven

i "Plain Dealer Columnist Regina Brett Shares 50 Lessons learned in Her New Book on Navigating Life's Detours", *The Plain Dealer*, 10 April 2010, *http://www.cleveland.com/brett/blog/index.ssf/ 2010/04/plain_dealer_columnist_regina.html.*

Chapter Fourteen

i Robin Marantz Henig, "What is it About 20-somethings?" *The New York Times*, 18 August 2010.

ii Jonathan I. Gershuny, Michael Bittman, and John Brice, "Exit, Voice and Suffering: Do Couples Adapt to Changing Employment Patterns?" *Journal of Marriage and Family*, 2005.

iii "Too Young to Get Married? See What the Experts Say", *National Healthy Marriage Resource Center*, *a project funded by the U.S. Department of Health and Human Services*, *Administration for Children and Families*, *http://www.twoofus.org/educational-content/articles/too-young-to-get-married-see-what-the-experts-say/index.aspx*.

iv "How Frequently Does Down Syndrome Occur?" William Sears, MD and Martha Sears, RN, AskDrSears.com, *http://www.askdrsears.com/topics/child-rearing-and-development/down-syndrome/how-frequently-does-down-syndrome-occur*.

v Bayard Webster, "Methods Disputed in Fertility Study", *The New York Times*, 21 March 1982, *http://www.nytimes.com/1982/03/21/us/methods-disputed-in-fertility-study.html*.

vi Susan Faludi, *op. cit.*

vii Vicki Panaccione, "The Advantages of Being an Older Parent", 12 January 2011, *http://www.betterparentinginstitute.com/Better-Parenting/parenting-child-raising-skills/advantages-of-being-older-parents/*.

Chapter Fifteen

i Gary Hamel, "Moon Shots for Management", *Harvard Business Review*, February 2009.

ii Chade-Meng Tan, *Everyday Compassion at Google*, TED Talk, 2011, *http://www.ted.com/talks/chade_meng_tan_everyday_compassion_at_google.html*.